深い学びへ誘う

社会科の
授業づくり

視点の意識化と問いの質の向上への取り組み
～兵庫県佐用町立利神小学校の研究から～

永田忠道・桑田隆男 著

はじめに

　兵庫県の中西部に位置する小さな学校が2020年3月をもって閉校となりました。かつての日本は人口も小学校も右肩上がりに増加する時代が長く続きました。いま私たちは日本だけでなく広く世界の中で，色々な物事に対する捉え方や構え方の大きな転換が求められる時代へと入ってきています。

　佐用町立利神小学校の先生方そして子どもたちと，閉校が待ち構えている数年のときを社会科の授業研究という形でご一緒させていただけたことは，とても幸せなことでした。先生方や子どもたちと教室での社会科授業の研鑽のときをともにするだけでなく，休み時間に校庭で一緒に遊んだり，度々給食にもお邪魔したりした一コマなども，閉校となった同校では再び経験できない貴重な時間と財産になりました。

　この度，本書を紡ぎ出す大きなきっかけとなったことに，利神小学校の閉校という出来事があります。しかしながら，それ以上に心に深く響いたことは，この小さな小さな小学校の中で，いま多くの人々が忘れかけている「社会科の本当の姿」を追い求める営みが確実に真摯に展開されていたことです。

　社会科と私たちは，一人一人が主人公となる民主的な社会の構築を目指してきたはずでした。しかしながら，いまの日本や世界を見渡したときに，子どもたちや先生方，そして私たち一人一人が社会の中での主人公（＝主権者としての市民）として，どれだけ充実した社会生活を送ることができているでしょうか。

　一人一人の生活や行動は他の誰かではなく，自分自身が責任を持って自分自身で考えて判断し他者と共に行動していけるような社会，そのような社会は難しく脆く破れやすいとも言われます。私たちはかつての大いなる反省のもとに，二度と過ちは繰り返さない気持ちを共有しながら，70年以上をかけて学校の中で社会科の授業を進めてきたはずでした。民主主義社会と同じく，学校での社会科も難しく脆く壊れやすい存在なのかもしれません。

　確かに日本の社会科は，この70年の中で当初の姿からは大きく形を変えて，カリキュラムの中でとても小さな存在になってきています。一方で，社会科は日本の学校でその授業が始められて70年以上の経験をしっかりと確実に積み重ねてもいます。昔のように毎日の時間割の中に社会科があるような時代に戻ることはない

でしょうが，週に2時間か3時間の社会科授業で鍛えていく「社会的な見方・考え方」を，現実の社会生活の中でしっかりと働かせていけるような学習や活動がいま改めて期待されています。

　かつて社会科はカリキュラムのコアとされた時代もありました。いまは小学校のカリキュラム上でのコアではないかもしれませんが，社会科で鍛えていく「社会的な見方・考え方」は私たちが現実の社会生活で働かせていく資質・能力のコアにはなり得ると考えます。本書で明らかにさせていただく利神小学校の社会科の授業研究は，学校の中だけに収まらない地域社会の中での子どもたちの社会化（社会科）を志向する方向性となっています。

　これから日本の各地で小学校の閉校や統廃合はさらに加速していきそうです。利神小学校の歴史も2020年3月で終わりを告げましたが，本書の中で明らかにされる利神小学校の社会科の取り組みの事実や成果はこれから多くの学校で参考とされることで確実に次の時代にも引き継がれていきます。

　実はこの利神小学校からは社会科だけでなく，時を同じくしてプロ野球の世界にも大きな一歩が記されています。2019年のドラフト会議で東北楽天ゴールデンイーグルスから1位指名を受けた小深田大翔選手は利神小学校の卒業生です。閉校前の利神小学校の最後の運動会にも参加してくれるなど，利神小学校のことをとても大事にしてくれた素晴らしい若者が，2020年の開幕から大活躍している姿は利神小学校や地域の誇りとなっています。

　いまはなき利神小学校から生み出された若きプロ野球選手のように，利神小学校の最後の校長である桑田隆男先生や先生方，子どもたちによって創出された「社会科の本当の姿」が多くの先生方や人々の気持ちを勇気づけ元気づけるものとなることを，本書を支えていただいた日本文教出版株式会社の古澤晶子さん，千葉祐太さんとともに願っています。

永田　忠道

CONTENTS

1

子どもたちを「深い学び」へ誘う社会科授業とは

広島大学准教授　**永田忠道**

1

いま改めて社会科を学ぶ意味と意義を考える

　日本で生活をしている人々の中で「社会科」を知らない，「社会科」の授業を受けたことがない市民は少ない。日本国内の公立小学校では，社会科とともに国語科・算数科・理科・音楽科・図画工作科・家庭科・体育科の8教科は70年以上にわたり，その授業が続けられてきている。近年になって，生活科や外国語科，特別の教科である道徳といった新たな教科が創設されてきたが，日本の小学校においては「オリジナル8」とも言えるこの8教科は，非常に重要な欠かせない役割を持って70年以上の歴史を積み重ねてきている。

　歴史が長くなればなるほど，その姿形の変化も大きくなる傾向にあるが「オリジナル8」の中でも，社会科は最も激しい変化を経験してきている。例えば，この四半世紀の中で小学校教育を経験してきた人々が語る社会科と，その前の四半世紀，そのまた前の四半世紀に社会科を経験してきた人々では，それぞれの世代でおそらくは大きな違いが出てくる。

　日本の小学校で社会科の授業が始められたのは，1947年からである。当時の文部省から示された『学習指導要領社会科編㈠（試案）』の冒頭では，「今度新しく設けられた社会科の任務は，青少年に社会生活を理解させ，その進展に力を致す態度や能力を養成することである」と記されていた。

　社会科が始められるまでの小学校では，地理や歴史などが別々の教科として授業が行われていたが，この点についても『学習指導要領社会科編㈠（試案）』では，「従来のわが国の教育，特に修身や歴史，地理などの教授において見られた大きな欠点は，事実やまた事実と事実とのつながりなどを，正しくとらえようとする青少年自身の考え方あるいは考える力を尊重せず，他人の見解をそのままに受けとらせようとしたことである」として，この点の十分な反省を通して，これから新たに始められる社会科とは次のような教科であるべきと，明確に示されることとなった。

　社会科はいわゆる学問の系統によらず，青少年の現実生活の問題を中心として，青少年の社会的経験を広め，また深めようとするものである。したがってそれは，従来の教科の寄せ集めや総合ではない。それゆえに，いままでの修身・公民・地理・歴史の教授のすがたは，もはや社会科の中には見られなくなるのである。しかも将来，倫理学・法律学・経済学・地理学・歴史学を学ぶ時の基礎となるような身についた知識や，考え方・能力・態度は，社会科においてよりよく発展せしめられるであろう。このような意味において，社会科は，学校・家庭その他の校外にまでも及ぶ，青少年に対する教育活動の中核として生まれて来た，新しい教科なのである。

　社会科は地理や歴史などの寄せ集めではなく，倫理学・法律学・経済学・地理学・歴史学などの学問的な成果や知識はあくまでも道具として有効に活用しながらも，最も大事にすべきこととは，「児童の現実生活の問題を中心に，児童自身の社会的経験を広め深めること」であり，これこそが社会科の授業での最大のねらいとされていた。このようなねらいのもとに例えば，当時の小学校第4学年の社会科の内容は，次のような問題が参考として挙げられていた。

一　私たちの祖先は，どのようにして家の場所を定め，家を建て，家具を備えつけたか。

二　私たちの祖先は，どのようにしていろいろな危険を防いだか。

三　動植物，鉱物等の天然資源は，どのように利用することができるか。

四　困難な自然環境のもとで，いろいろなものを作ったり手に入れたりするには，私たちはどうすればよいか。

五　困難な環境のもとで，いろいろな物や施設を使うには，私たちはどうすればよいか。

六　交通運輸の道すじはどのようにしてきまるか。

七　ほかの土地の人と仲よくするにはどうすればよいか。

八　私たちの祖先に寺社はどのような役目を果たしたか。

九　社会生活を統制して行くにはどんな施設が必要か。

　現在の社会科では小学校の第4学年の内容は，①都道府県の様子，②人々の健康や生活環境を支える事業，③自然災害から人々を守る活動，④県内の伝統や文化，先人の働き，⑤県内の特色ある地域の様子，となっている。自分たちの生活している都道府県内の様子や事業，防災

や歴史を整理された項目ごとに学習していくような形式が，現在の社会科では常識的になってきている。一方で，日本で最初に始められた頃の社会科では，『学習指導要領社会科編（一）（試案）』で参考としてあげられた問題について，「この問題を中心として，児童の社会的経験に統一を与えるためであって，その意味でこれを単元とよんでもよい，しかしそれは必ずしもこの問題を順序どおりに，また継続して取り扱うためではない。ある問題は一箇年を通して指導される方がいっそう望ましい場合もある」と説明されている。続けて「児童の生活，学校及び地方の特性によくあうように，適宜に選択及び加減をして，学習指導計画に取り入れるべきである」とも示されていた。

　現在の小学校の社会科は，日本全国一律に第3学年から第6学年までに学ぶべき内容，育成を目ざす資質・能力，働かせることが期待されている見方・考え方が，文部科学省からの学習指導要領の告示という形式で明示されている。そして，民間の教科書会社が発行する社会科教科書は，この学習指導要領やその解説の内容に沿って作成され，文部科学省による教科書検定を経て，子どもの手元に行き渡ることになる。

　いまの小学校では，教科書検定を経た社会科教科書や，その教科書会社が作成する教科書の指導書などを活用すれば，日本全国のどこにいても一定の水準の授業と教育が保証される形になっている。この点は，日本国内における教育の質保証の観点からは素晴らしい施策ではあるが，その一方で特に社会科では，子どもの生活する地域や学校のある地域ごとによる違いと，それぞれの地域の特性に応じた学習なしには，社会科を学ぶ意味や意義は半減すると言っても過言ではない。

　子どもたちを「深い学び」へ誘う社会科授業の在り方を考えようとするとき，いま私たちは改めて日本で最初に社会科が始められた頃の社会科の意味と意義を再確認すべきである。当時の社会科は前述のように問題の形で例示された学習内容を参考に，現在のような懇切丁寧で質保証の担保もしっかりとある検定教科書はまだない中で，小学校の先生は子どもや地域と共に日々，試行錯誤しながら社会科の授業と学習に取り組んだのである。

　社会科が始められる前の教育での「事実やまた事実と事実とのつながりなどを，正しくとらえようとする青少年自身の考え方あるいは考える力を尊重せず，他人の見解をそのままに受けとらせようとしたこと」についての反省のもとに，いま私たちは改めて，小学校の社会科授業において，教科書の内容には即しながらも，自分たち自身の現実生活の問題意識に引き付けて，自分たちなりに調べ考え続けることで，自分たちなりの問題意識の解決に迫っていこうとするような学習を仕組んでいく必要がある。そのような学習に向かう方向こそが，子どもたちを「深い学び」へ誘う社会科授業へと結実していくことになる。

2

社会科における「主体的・対話的で深い学び」の原点

　学校教育において，いま「主体的・対話的で深い学び」の実現が標榜されている。「主体的・対話的で深い学び」の実現に向けた授業改善の在り方は，公式にも非公式もさまざまに示されている。ここでは，日本で社会科が始められた頃の現実や考え方の視点で，現在の「主体的・対話的で深い学び」との関連を整理しておきたい。

　日本の社会科の出発点となった『学習指導要領社会科編㈠（試案）』では，主体的な学びに近い考え方として「自発的な活動」という用語が用いられている。この自発的な活動の具体については『学習指導要領一般編（試案）』では，これからの授業は学習の目的に合った子どもの興味による自発的な活動を中心にしていく必要があるとして，例えば，①身体的な活動，②好奇心を満足させる活動，③社会的な活動，④ものをもてあそんだり組み立てたりする活動，⑤劇的な遊びの活動，⑥表現の活動，⑦物を集める活動などが一例として示されていた。

　対話的な学びに関しては，当時は「環境の整備」として学校や教室という学習空間では，子ども同士，子どもと先生そして学級及び学校と保護者「あるいは土地の人々との間に，従来のいかめしい関係に代わって，自由な知識や意見や活動が交流しあって行われるような，人間みのあふれた関係がうち立てられなくてはならない」と明示された。続けて子どもが「きちんと席にすわって教師のいうことを聞くというのでなくて，その代わりに，多種多様な活動を促し，あるいは助けるような設備のととのった作業場としての教室や学校が作り出されなければならない」ともされていた。

　このように社会科は当初から，主体的な学びとしての子どもによる自発的な活動と，対話的な学びとしての子ども同士，子どもと先生そして地域の人々との自由な知識や意見や活動の交流を大事にする教科であった。その上で子どもの「社会的経験を，今までよりも，もっと豊かにもっと深いものに発展させて行こうとすることがたいせつなのである」とも示されていたように，現在の深い学びに近い考え方としては，「児童の社会的経験を深いものに発展させる」という考え方が示された。この「児童の社会的経験を深いものに発展させる」具体としては，「ただ社会に現れているさまざまのことばかり理解しても，それは真に社会生活を理解しているとはいえない」としながら，さらに『学習指導要領社会科編㈠（試案）』では続けて次のようにも述べられている。

　みずから自分の生活の独立を維持し，人間らしい生活を楽しむことを知っているものであるならば，そこにはじめて，他人の生活を尊重し，自他の生活の相互依存の関係を理解することができ，自分たちの社会生活を，よりよいものにしようとする熱意を持つことができるのである。社会科においては，このような人間性及びその上に立つ社会の相互依存の関係を理解させようとするのであるが，それは同時に，この

ような知識を自分から進んで求めてすっかり自分のものにして行くような物の考え方に慣れさせることでなければならない。

　子どもが社会的経験を深めていくには，①人と他の人との関係，②人間と自然環境との関係，③個人と社会制度や施設との関係，などのさまざまな相互依存の関係に関する知識を自ら進んで求めて自分のものにして行く考え方の必要性が説かれていた。その考え方を当時は「自主的科学的な考え方」と称して，そのような考え方に慣れ親しめるような社会科授業の展開が期待をされていた。

　子どもの自発的な活動により，さまざまな人々との自由な知識や意見や活動の交流を通して，自主的科学的な考え方を成長させていくために，1948年に当時の文部省から発行された『小学校社会科学習指導要領補説編』では，米国の哲学者であるジョン・デューイによる「なすことによって学ぶこと」の原則も明示されることになる。更に「建設的な社会生活に参加するために必要な理解や態度や能力を児童たちの身につけさせるには，民主主義に徹底した学習環境の中で，児童たちを実際に生活させるよりほかにしかたがありません。実際に生活しながら，その生活の中で切実な諸問題に直面したときにだけ，児童たちはその自主性を発展させます。したがって社会科では，そのような問題解決の活動を通じて児童の経験を発展させていきます」との説明がなされた。ここに社会科における「主体的・対話的で深い学び」の原点がある。

3

地域から創出される社会科の「深い学び」

　現在の日本の小学校は，文部科学省から告示される学習指導要領や解説，それらに基づいて作成され検定合格した教科書が全国的に用いられることで，教育の質保証が担保されている。一方，前述のように全国のどこの地域や学校においても同じような授業や学習が展開されることで，教育の多様性の側面での課題も指摘され続けている。世界的に見渡すと，隣国の韓国や中国の小学校は日本以上に教育の国家的な統制が近年さらに強まってきており，米国や英国でもナショナル・スタンダードやナショナル・カリキュラムが定着してきている。それでも主に欧米では各学校で使用する教科書の選定や学習内容の裁量は日本を含むアジアの国々に比べると，かなり柔軟であり続けている。

　このような教育動向の中，日本のほとんどの小学校では，社会科は検定教科書の内容にしっかりと準拠しながら進められているが，それぞれの地域や学校で長年にわたって大事にしている独特の社会科の在り方を継承されている地域や学校も少なくはない。このように地域や学校の特色を大事にする独特な社会科の在り方が日本の全国各地に少なからず存在するのは，

実はいまから70年前に社会科が日本で始められて以来の伝統でもある。1947年の『学習指導要領社会科編(一)（試案)』では，それまで日本の教育や学校では行われてこなかった社会科についての丁寧な説明がなされてはいたが，全国の多くの小学校では社会科をどのように授業すれば良いのか，という問題が噴出した。そのため当時の文部省は翌1948年に社会科だけ特別に前述の『小学校社会科学習指導要領補説編』を発行することにもなる。

この頃，日本の各地では社会科の実施に資する自主的な地域教育計画の動きが活発となり，埼玉県川口市の川口プラン，広島県本郷町の本郷プラン，兵庫県の明石女子師範学校附属小学校の明石プラン，奈良県の奈良女子高等師範学校附属小学校の奈良プラン等々，それぞれの地域や学校の特色に即したカリキュラムと実践の試行錯誤が展開された。現在でもこの当時の社会科に関する地域独自の考え方や学習の在り方を大事に継承している学校があるように，社会科の場合には大なり小なり，都道府県や市町村の単位においても，その地域独自の教育や学習の在り方に確実な違いが受け継がれてきてもいる。

この点についての比較的新しい調査と考察には，永田忠道・池野範男編『地域からの社会科の探究』（日本文教出版，2014年）がある。この書籍では，全国の13の地域でそれぞれの伝統と特色を大事にした独特の社会科が展開されている経緯と実践の実際を明らかにしている。文部科学省の告示による学習指導要領や解説に基づいて作成された社会科教科書は，現在は東京書籍，教育出版，そして日本文教出版の三社のものが全国各地の小学校で用いられているが，この三社の社会科教科書にも各々の違いがあるように，社会科について活発な実践研究が古くから展開されている地域ほど，その地域ごとに独特な社会科の在り方が構築され大事に継承されてきている。

この後に本書で詳しく紹介を進めていく兵庫県佐用町立利神小学校における社会科の実践研究は果たして，どのような独自性と特色を大事にしているのだろうか。そのような視点で，本書を読み進めながら，各自が経験してきた社会科や，実践してきた社会科との共通点や相違点はどのあたりにあるのか，はたまた日本で最初に始められた頃の社会科と比較するとどのようなことを考えることができそうか，等々について思いを巡らせてもらえることを期待したい。

私たちが生活する現実の地域社会や世界は，本来的には私たちが自分自身で調べ考え構築していく存在や対象や空間である。同じように小学校の社会科も，その授業に関わる私たち自身が子どもたちや地域の方々と共に自分達自身で調べ考え創り上げていく教科であるべきである。誰かに授けられる地域社会や社会科ではなく，自分達で責任を持って自分達の地域社会や社会科を創出していこうとする先には，民主主義社会における様々な問題解決にむけて探究し続ける市民としての「深い学び」の姿が見えてくる。

参考文献

ジョン・デューイ（宮原誠一訳)『学校と社会』岩波書店，1957年。

片上宗二・木村博一・永田忠道編『混迷の時代！"社会科"はどこへ向かえばよいのか―激動の歴史から未来を模索する―』明治図書，2011年。

広島大学准教授　**永田忠道**

CHAPTER 2 新学習指導要領と「視点」「問い」「深い学び」

1

「社会的な見方・考え方」と「視点」「問い」「深い学び」

　兵庫県佐用町立利神小学校の先生方と，2年にわたって，社会科の授業研究について「視点」と「問い」を意識した取り組みを進めてきた。本書では，利神小学校の先生方の授業づくりや子どもたちとの実際の授業を包み隠すことなく明らかにすることで，「視点」と「問い」を意識した社会科授業にはどのような可能性があるのかを考えていきたい。

　このような本書の意図は，今後の社会科で「社会的な見方・考え方」を意識した授業が期待されることに関係している。この度の「社会的な見方・考え方」とは，社会的事象等を見たり，考えたりする際の「視点や方法」であり，社会的事象の意味や意義，特色や相互の関連を考察したり，社会に見られる課題を把握して，その解決に向けて構想したりする際の「視点や方法」であるとされている。このような「社会的な見方・考え方」を働かせることは，社会科としての本質的な学びを促し，「深い学び」を実現するための鍵となる。

　社会科に限らず，この度の学習指導要領で示された各教科等の「見方・考え方」は，「どのような視点で物事を捉え，どのような考え方で思考していくのか」という各教科等ならではの物事を捉える「視点や方法」でもある。このような「視点や方法」は各教科等を学ぶ本質的な意義の中核をなすものであり，子どもが学校での学習だけでなく，日常の生活においてもこのような「見方・考え方」「視点や方法」を自在に働かせることができるようにすることが，今後の各教科そして社会科の授業や学習活動に求められている。

　「社会的な見方・考え方」は，小学校から中学校までの社会科の特質に応じた見方・考え方の総称とされていて，小学校社会科においては，特に「社会的事象の見方・考え方」を働かせ，学ぶことを重視する必要があると示されている。

　「社会的事象の見方・考え方」とは，「位置や空間的な広がり，時期や時間の経過，事象や人々の相互関係などに着目して（視点），社会的事象を捉え，比較・分類したり総合したり，地域の

人々や国民の生活と関連付けたりすること（方法）」と考えられ，このような「視点や方法」を用いて，社会的事象について調べ，考えたり，選択・判断したりする学びが，「社会的事象の見方・考え方」を働かせることにつながる。

　その際に，実際の授業において先生方と子どもとの間で，例えば「位置や空間的な広がり」に着目する場合には，「どのような場所にあるか」，「どのように広がっているか」などの分布や地域，範囲などを「問い」の形で考えていくことになる。同じように，「時期や時間の経過」に着目するときは「なぜ始まったのか」「どのように変わってきたのか」などの起源や変化，継承などの「問い」，「事象や人々の相互関係」に着目する際には「どのようなつながりがあるか」「なぜこのような協力が必要か」などの工夫や関わり，協力などの「問い」を設定して，社会的事象について調べて，その様子や現状などをとらえ，さらに「どのような違いや共通点があるか」などの比較・分類・総合するための「問い」や，「どのような役割を果たしているか」などの地域の人々や国民の生活と関連付けたりするための「問い」により，考察したり選択・判断したりすることになる。

　これまでの社会科授業でも，「視点」や「問い」を伴わない授業はあり得ないところではあったが，これからは先生方と子どもで共に，更なる課題や「問い」への意識化を進めていくことで，より「深い学び」を目指していくことが求められている。

2

「視点」と「問い」から「深い学び」へむかう社会科授業の方向性

　次章以降で，少しずつ利神小学校の実践研究と授業の実際を示していくことになるが，その前にここでは，この度の学習指導要領と解説に例示されている「視点」と「問い」を整理してみる。第4学年の内容(1)から(5)までの場合，14ページのようになる。「視点」は学習指導要領の各内容の思考力・判断力・表現力を明示した文章中の「〜に着目して」の「〜」部分に示

されている内容，「問い」は解説の中で例示されている内容になる。

内容（1）都道府県の様子

視点	我が国における自分たちの県の位置，県全体の地形や主な産業の分布，交通網や主な都市の位置など
問い	自分たちの県は日本のどこに位置しているか，どのような地形が見られるか，主な産業はどこに分布しているか，交通網はどのように広がっているか，主な都市はどこに位置しているかなど

内容（2）人々の健康や生活環境を支える事業

視点	供給の仕組みや経路，県内外の人々の協力など，処理の仕組みや再利用，県内外の人々の協力など
問い	どのような仕組みで作られているか，どのような経路を通って送られて来るか，どのような関係機関や人々の協力の基に成り立っているか，廃棄物をどのように集め処理しているか，再利用にはどのような方法があるか，どのような関係機関や人々の協力の基に成り立っているかなど

内容（3）自然災害から人々を守る活動

視点	過去に発生した地域の自然災害，関係機関の協力など
問い	県内で過去にどのような自然災害が発生しどのような被害をもたらしたか，被害を減らすために関係機関や人々はどのように協力しているかなど

内容（4）県内の伝統や文化，先人の働き

視点	歴史的背景や現在に至る経過，保存や継承のための取組など，当時の世の中の課題や人々の願いなど
問い	いつ頃，どのような理由で始まったか，どのような経過で現在に至っているか，人々は保存や継承のためにどのような取組をしているかなど

内容（5）県内の特色ある地域の様子

視点	特色ある地域の位置や自然環境，人々の活動や産業の歴史的背景，人々の協力関係など
問い	どこにどのような特色ある地域があるか，その地域はどのような自然環境のところか，その活動や産業はどのような経緯で始まったか，人々はどのように協力しているかなど

　以上のような「視点」と「問い」は，あくまでも学習指導要領と解説での例示であり，これを参考にしながらも実際の授業化においては，さらに具体的な「視点」と「問い」による授業構成を組んでいく必要がある。

　いま，なぜ「社会的な見方・考え方」や「視点」や「問い」が，社会科授業の構成や展開で重要視されるのか。それは端的に言えば，社会科の授業で取り扱う社会的事象や社会的課題について，観察をしたり調べたりした結果を単純に整理するだけでは，社会的事象や社会的課題の表面をなぞることしかできない場合が多いためである。例えば，第4学年での最初の学習内容である「都道府県の様子」について，子どもの生活する都道府県の日本の中での位置や，都道府県全体の地形や主な産業の分布，交通網や主な都市の位置などを，一つ一つおさえるべき知識として理解していくことは大事なことではあるが，社会科の授業でそれ以上に重要なことは，位置や地形や産業や交通などの個々に散乱した知識を，空間軸や時間軸そして関係軸などの社会的な「視点」に即した「問い」を通して，社会的な関連において追究や考察を進める中で，より汎用性が高く概念内容の豊かな知識として紡いでいけるように仕組むことである。

社会科の授業で活用されることの多い「問い」の形態としては,「どこ」や「いつ」,「何」があるが,この形態の「問い」は個々に散乱した知識を掘り起こす機能がある。その上で,「どのように」や「どのような」そして「なぜ」や「どうして」のような形態の「問い」により,個々に散乱した知識と知識との関連を探るような学びの方向性が導かれることになる。しかしながら,社会科授業での「問い」の形態を「どこ」や「いつ」「何」だけでなく,「どのように」や「どのような」「なぜ」や「どうして」にまで展開させるだけで,「深い学び」へと進めるわけではない。同じように社会科授業で考察の焦点をあてていく「視点」についても,空間軸や時間軸そして関係軸などの社会的な「視点」を形式的に単元や学習の中に織り交ぜるだけでは,社会科で目ざすべき「深い学び」にまで到達することは難しい。

では,社会科授業において,どのように「視点」を意識して,どのように「問い」の質を向上させられれば,目ざすべき「深い学び」へと進むことができるのだろうか。そのヒントの一つは,第1章で示したような社会科の原点的な実践や学びの在り方に立ち戻ることである。そして,もう一つの大きなヒントや鍵となる手がかりが,続く第3章以降で明らかにされる。利神小学校の先生方による「視点」の意識化と「問い」の質の向上を目ざした社会科授業づくりの試行錯誤のあるがままと,そのような先生方による取り組みと営為の末にたどり着いた授業の実際である。第3章と第4章では以下の実践が掲載されるが,第3章における試行錯誤の実践から,第4章の到達点としての実践への展開過程の中での「視点」の意識化と「問い」の質の向上の実態を各自で見いだしていただけることを期待したい。

第3章 利神小学校における試行錯誤の実践
3年:工場ではたらく人びとの仕事（そうめん） 4年:水害にそなえて（佐用町） 4年:ごみのしまつと活用（クリーンセンター） 5年:自動車工業のさかんな地域（エコカー） 6年:天下統一と江戸幕府（利神城） 6年:武士による政治のはじまり（元寇）

➡

第4章 利神小学校における到達点の実践
3年:工場ではたらく人びとの仕事（そうめん） 4年:水害にそなえて（佐用町） 5年:自動車工業のさかんな地域（プロバイル） 6年:宿場町平福と因幡街道

第3章と第4章の授業実践のちがいは？（第3章と第4章を確認した後で各自でこの欄に書き込んでみましょう。）

3

利神小学校が目ざした「視点」の意識化と「問い」の質の向上
～利神小学校の社会科学習が目ざしたもの～

元佐用町立利神小学校校長　**桑田隆男**

1

アンケート結果から授業づくりを考える

　昨今の社会情勢は大きく変化しており，情報化やグローバル化といった社会の変化が予測を越えて加速度的に進展し，今後は社会の仕組みや生活様式がより一層大きく変化していくものと予測される。このような変化の中で生きていくために，子ども一人一人が，これからの社会の担い手として主体的に社会や自分の人生と向き合い，それらをより豊かにしていくことが求められている。そこで，利神小学校では平成 30 年度より子ども一人一人がよりよい社会の担い手となるよう社会科の研究を深めることにした。

　まず，平成 29 年度末に 3 年生から 6 年生の子どもの実態を社会科の学習アンケート（17ページ）で把握した。主な結果は以下のとおりであった。

【肯定的な回答率の高かった設問】
　設問 2 「社会科の授業はわかりますか」88.3%
　設問 4 「社会科の授業中に，タブレット（パソコン）やインターネット，本やパンフレットなどを使って調べることは好きですか」85.0%
　設問 5 「地いきの人といっしょに社会科の学習をするのは好きですか」85.0%
　設問 9 「地図帳を使って，日本のこと（都道府県，半島，山や川の名前，位置など）や世界の国などを調べたりするのは好きですか」80.0%

【肯定的な回答率の低かった設問】
　設問13 「友だちの考えに対して自分の意見を言ったり，しつ問したりできますか」60.0%
　設問 7 「写真やグラフなどのしりょうをみて『ふしぎだな』とか『何かを調べてみよう』という気持ちになりますか」61.7%
　設問11 「図や写真，グラフなどのしりょうを使って自分の考えを説明できますか」61.7%
　設問12 「自分の考えを文で書くことができますか」66.7%

社会科の学習アンケート

利神小　　年　名前（　　　　　　　　　　　　　　）

しつ問をよく読んで，あなたの気持ちによくあてはまる番号に○をつけましょう。

	しつもん	とてもそう思う　そう思う　あまり思わない　まったく思わない
1	社会科の学習は好きですか	4・3・2・1
2	社会科の授業はわかりますか	4・3・2・1
3	社会科の授業中に，自分の考えを発表するのは好きですか	4・3・2・1
4	社会科の授業中に，タブレット（パソコン）やインターネット，本やパンフレットなどを使って調べることは好きですか	4・3・2・1
5	地いきの人といっしょに社会科の学習をするのは好きですか	4・3・2・1
6	ニュース（新聞やインターネットなど）を見るのが好きですか	4・3・2・1
7	写真やグラフなどのしりょうをみて，「ふしぎだな」とか「何かを調べてみよう」という気持ちになりますか	4・3・2・1
8	しりょうから「わかったこと」や「なぜかな？とふしぎに思ったこと」などを読み取ることができますか	4・3・2・1
9	地図帳を使って，日本のこと（都道府県，半島，山や川の名前，位置など）や世界の国などを調べたりするのが好きですか	4・3・2・1
10	調べたことを図や表，グラフなどを使ってまとめることができますか	4・3・2・1
11	図や写真，グラフなどのしりょうを使って自分の考えを説明できますか	4・3・2・1
12	自分の考えを文で書くことができますか	4・3・2・1
13	友だちの考えに対して自分の意見を言ったり，しつ問したりできますか	4・3・2・1
14	社会科の学習をふりかえり，「○○○について深く考えるようになったなあ」とか「◇◇◇がわかったよ」と思えますか	4・3・2・1
15	社会科の学習は，自分たちの生活の役に立っていますか	4・3・2・1

利神小学校の校区の中に古くから残るものがたくさんあります。知っているだけ書きましょう。

　これらの社会科アンケートの結果から，利神小学校の子どもは社会科の授業は好きで，授業も理解している子が多いが，自分の考えを持ってそれを説明したり，発表したりすること，資料を読み取り，自分の考えを持つことや文章で表現することなどは得意ではないことがわかった。

　今回の社会科の学習アンケート（平成30年3月実施）で明らかになってきた数値の低い部分を意識して研究テーマを作成し，授業づくりに生かすことにした。

2

「社会的な見方・考え方」を働かせた社会科の授業づくり

　新学習指導要領の理念やアンケート結果，これまでの研究の成果を踏まえ，これからの社会の変化に対応し，主体的に社会と関わり，よりよい社会を創造しようとする子どもを育成したいと考えた。そのためには，社会的な見方・考え方を働かせて，社会的事象について追究していくことが大切であると考え，研究テーマを以下のとおり設定した。

> 「『視点』と『問い』の質を高めることで追究する子どもを育てる」
> ～「社会的な見方・考え方」を働かせた社会科の授業づくり～

　「社会的な見方・考え方」を働かせる社会科の授業づくりについては，以下のとおり定義した。

> 　単元等の目標を実現するために，教材化の視点とともに，問いや資料，学習活動などを含めた問題解決的な学習の展開を工夫することである。

（1）問題解決的な学習（利神小ひまわりモデル）

　まず，問題解決的な学習の全体構想を「利神小ひまわりモデル（下図）」として考案した。

　単元の導入場面で，意外性のある事実（資料等）との出会いにより，単元をつらぬく共通の問い（学習問題）を持ち，「起学習問題をつかむ」，「承学習計画に沿って，しらべる」，「転しらべたことをもとに話し合い，まとめる」，「結学習成果を生かす」という単元の流れを設定した。

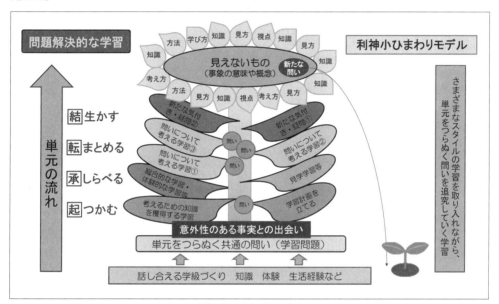

利神小ひまわりモデル

　単元の流れの中では，「問い」と「資料」をもとに，主体的に取り組む学習や見学学習，体験的な学習等の「さまざまなスタイルの学習を組み合わせながら，単元をつらぬく共通の問い（学習問題）を追究していく学習」に取り組むことにした。これらの学びを通して，概念をつかみ，さらにその中から「新たな問い（種）」が生まれ，それが次の単元や学びにつながっていく（花開く）という問題解決的な学習を作り上げていくことを全職員で共通理解しながら進めることにした。

　そもそも社会的事象は，さまざまな社会条件や自然条件，さらに人の願いなどが複雑に絡み合っているため見えにくい。そこで，資料から「空間軸」「時間軸」「関係軸」を視点として問いを引き出し，それらを追究し，見えてくる事実を「比較」「分類」「総合」「関連付ける」などの方法を使うことで，世の中の事実や現象などの見えなかった世界が見えてくるような授業づくりを目ざした。

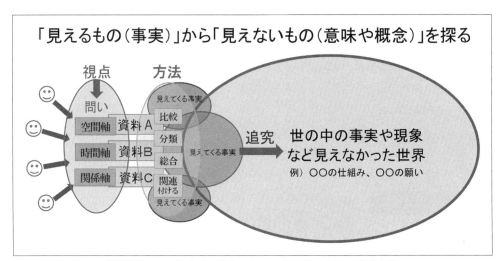

「見えるもの」 から 「見えないもの」 が見えてくる授業づくり

　考えられる視点の例としては，「空間軸」として，地形や気候，自然条件などの位置や空間的な広がりの視点，「時間軸」として，時代や由来，変化，発展などの時期や時間の経過の視点，「関係軸」として，人々の工夫や努力，願い，つながり，仕組み，安全などの事象や人々の相互関係の視点などに着目し，そこから生まれた問いを，比較，分類，総合，関連付けることにより，「社会的な見方・考え方」を働かせた社会科の授業づくりに取り組んだ。

	考えられる視点例	視点を生かした考察や構想に向かう「問い」の例
空間軸	○位置や空間的な広がりの視点 　地理的位置，分布，地形，気候，環境，範囲，地域，構成，自然条件，社会的条件，土地利用　など	・どのように広がっているのだろう。 ・なぜこの場所に集まっているのだろう。 ・地域ごとの気候はどのような自然条件によって異なるのだろう。
時間軸	○時期や時間の経過の視点 　時代，起源，由来，背景，変化，発展，継承，維持，向上，計画，持続可能性　など	・いつどんな理由で始まったのだろう。 ・どのように変わってきたのだろう。 ・なぜ変わらずに続いているのだろう。
関係軸	○事象や人々の相互関係の視点 　工夫，努力，願い，業績，働き，つながり，関わり，仕組み，協力，連携，対策・事業，役割，影響，多様性と共生（共に生きる），安全　など	・どのような工夫や努力があるのだろう。 ・どのようなつながりがあるのだろう。 ・なぜ○○と○○の協力が必要なのだろう。
		・どのように続けていくことがよいのだろう。 ・共に生きていく上で何が大切なのだろう。

小学校社会科における追究の「視点」と「問い」の例

（「幼稚園，小学校，中学校，高等学校及び特別支援学校の学習指導要領等の改善及び必要な方策について（答申）別添資料」を一部改変）

　具体的な例で示すことにしよう。3年生の「工場ではたらく人びととの仕事」の学習で，地域教材「そうめん工場の仕事」を取り上げた。「視点」として，空間軸に着目したところ，分布，気候，自然条件などから，「そうめん工場が，なぜ，この場所に集まっているのだろう」という問いが出てきた。つまり，そうめん工場に適した立地条件に関する「問い」が引き出されたことになる。

　授業展開の中で，子どもたちは，どんなところにそうめん工場があるのかを地図で確かめな

がら発見し，それらを分類することで，揖保川流域にたくさんのそうめん工場があるということに気付いた。

　そして，「なぜ，揖保川流域にたくさんのそうめん工場があるのだろう。」という「問い」を考えていく中で，下の囲みの事実を子どもたちが見つけ出した。それらを関連付け，「問い」に対する「考え（結論）」をまとめる学習を展開した。

そうめん作りを体験する

- ・　近くでそうめんの原材料である小麦や綿実油，塩が作られており，手に入りやすかった。
- ・　揖保川のきれいな水を利用した。
- ・　揖保川流域には，たくさんの水車があり，冬場に水車を利用し小麦を粉にすることができた。
- ・　冬，晴れる日が多い気候をうまく生かした。

(2)　授業づくりのための手立て

　「社会的な見方・考え方」を働かせた社会科の授業づくりのために，授業構想シートと授業分析シートの2つを活用した。

① 授業構想シート

　主に事前研究会で，「視点」と「問い」を生かした授業がどのように展開していくかについて全体で協議する際に使用した。

事前研究会で授業構想を発表する

② 授業分析シート

　主に事後研究会で，「視点」と「問い」を生かした授業が構想どおり実施できたかどうかを分析し，その改善案を考えていくときに使用した。言葉の力の育成の観点からも評価できるように工夫したものである。

事後研究会で授業分析シートをもとに交流

① 授業構想シート

	したごしらえ（メモ書き）			授業構想（案）		
視点と問い	視点		問い	視点		問い
適切な資料はどんなものが	導入	検証	まとめ	導入	検証	まとめ
言葉の力をつけるために	資料を読み取る力	書く力	発言する力	資料を読み取る力	書く力	発言する力

事前研究会において，授業構想シートを使って研究授業の構想を考えている様子。姫路市小学校社会科教育研究会の皆さんにも一緒に参加していただいた。「視点」を定め「問い」を生み出すために適切な資料を選ぶ作業をしている。

事前研究会において，授業構想シートに参加者の意見を整理しながら書き込んでいる様子。まずは，導入場面においてどんな資料がよいのかを「したごしらえ」の欄にまとめている。考えが整理できたものを「授業構想（案）」の欄に転記することで完成となる。

② 授業分析シート

	意　見			改　善　策		
視点 と 問い	視点	問い		視点	問い	
資料の 適切さ	導入	検証	まとめ	導入	検証	まとめ
言葉の 力は ついて いるか	ワークシート		発言	ワークシート		発言

事後研究会において，授業分析シートを使って研究授業のふりかえりをしている様子。講師の永田忠道先生も一緒にワークショップに参加していただいた。「視点」と「問い」が対応したものになっているかどうかを話し合っている。

授業分析シートを使って参加者が意見交流をしている様子。本時の視点を生かすならば，どんな問いがよいのかについて話し合っている。

3

「深い学び」へと誘うしかけづくり

　前述したように，「社会的な見方・考え方」を働かせる社会科の授業づくりとは，「単元等の目標を実現するために，教材化の視点とともに，問いや資料，学習活動などを含めた問題解決的な学習の展開（過程）を工夫する」ことである。

　本校がいう「深い学び」とは，１単位時間ではなく，問題解決や課題解決といった一連の学習過程の中で実現を目ざすものであり，思考，判断，表現をとおした学びととらえている。

　しかしながら，「深い学び」は，問題解決的な学習の展開を工夫しないと，なかなか創り出すことは難しい。

　そこで，本校では，以下に示す５点の「深い学び」へと誘うしかけを授業づくりに積極的に取り入れることで学習の展開を工夫し，「深い学び」の実現を目ざした。

しかけ①「視点」や「問い」をもたせるために意外性のある事実と出会わせる。

しかけ②「問い」を構成することで学びの連続性を高める。

しかけ③「授業をとおして期待する姿」を学習指導案に描く。

しかけ④「見えるモデル化」で教材を分析する。

しかけ⑤「本時のまとめ」はキーワードを使ってまとめる。

　ここで，５点の「深い学び」へと誘うしかけについて具体例をもとに示す。

しかけ①「視点」や「問い」をもたせるために意外性のある事実と出会わせる。

　単元（小単元）の導入においては，「なんとしても調べたい。」「〇〇について考えてみたい。」といった意欲を喚起することが肝要である。単なる「思いつき」や「疑問」ではなく，あくまでも単元目標へと導く「問い」を生み出すことが「深い学び」への第一歩である。そこで，「意外性のある事実」と出会わせることで，子どもたちが自ら「単元をつらぬく共通の問い（学習問題）」を見いだし，追究できるように工夫した。

ペリーの肖像画

　例えば，「ペリー来航」の授業場面での導入で，上の資料を提示した。すると，子どもたち

からは，「あれ，知っているペ
リーとは違う。」「こわい顔をし
ている。まるで，鬼のようだ。」
などの意見が出された。そこ
で，当時の民衆はペリーと直接
出会うことがなかったため，巷
の噂でこんなこわい顔をしてい
ると錦絵に描かれたことを告げ
ると，多くの子どもたちから，
「なぜ，こんなこわい顔を描い
たのかな。」といったつぶやき
が出た。

　こうして，子どもたちのつぶ
やきをつなぎ合わせて，クラス
のみんなで考える共通の問い，
つまり，「単元をつらぬく問い
（学習問題）」とした。みんなで
考えたという意識が大切であ

学習問題をつかむ

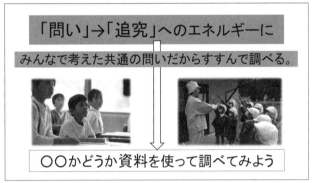

「単元をつらぬく共通の問い（学習問題）」へ

り，そのことで，より主体的，協働的に追究することが促されることになる。

しかけ②「問い」を構成することで学びの連続性を高める。

　子どもたちのつぶやきや疑問が単元のねらいにつながらないようでは意味がなく，つながっ
てこそ「単元をつらぬく問い」となりうる。また，問いをどう構成するかが学びの連続性にも
つながる。まさに，指導者の腕の見せどころである。そのことを意識するために，単元の構造
については，利神小ひまわりモデルの「つかむ（起）」，「しらべる（承）」，「まとめる（転）」，
「生かす（結）」の4つに分けて「問いの構成表（26ページ掲載資料）」として組み入れること
にした。

　最後の「生かす（結）」場面を「深い学び」に結び付けることで，社会の仕組みが「わかる」
から社会の仕組みに「関わる」ことへと発展させることをねらった。

　また，長期的視点に立った授業づくりを意識することにも心がけた。単元（小単元）全体を
見通した授業設計力を身に付けるべく取り組みを進めた。その際，特に，重点を置いて取り組
んだことが，①学習問題，②結論，③考えの3点である。そして，「深い学び」を生み出すた
めに，利神小ひまわりモデルの「生かす（結）」を単元の最後に設定するようにした。単元の
出口でどのような子どもの姿が求められているかを考え，そこから逆算して計画するという
バックワードデザインで単元の構成を考えた。

指導案に「問いの構成表 (問いの構造化)」を取り入れる

Before
4 小単元の構成「ごみのしまつと活用」

時		ねらい	「視点」と「問い」
1			◎ ☆
2			◎ ☆
3			◎ ☆
4			◎ ☆
5			◎ ☆
6			◎ ☆
7			◎ ☆
8			◎ ☆

「生かす場面」の設定 ＝「深い学び」の場面
①学習の深まり ②学習の応用
③社会への参画 など
※ 社会の仕組みが「わかる」→社会の仕組みに「かかわる」へ

After
4 小単元の問いの構成 (問いの構造化)「ごみのしまつと活用」

	時	内容	ねらい	◎視点 ☆問い
つかむ	1			◎ ☆
(学習問題) ・佐用町では、ごみのしょりをどのようにおこなっているのだろう。				
しらべる	2			◎ ☆
	3			◎ ☆
	4			◎ ☆
	5			◎ ☆
	6			◎ ☆
まとめる	7			◎ ☆
(結論)				
生かす	8	わたしたちにできること	新たなごみ問題 (食品ロス) について調べ、社会全体としてどのような取組をしていけばよいか地域の一員として考えることができる。	◎対策・協力 ☆食品ロスについて自分たちができることを考えることができたか。
(考え)				

「問いの構成表 (問いの構造化)」を取り入れることでよりよい指導案に

しかけ③ 「授業をとおして期待する姿」を指導案に描く。

「授業をとおして育てたい子ども像」を指導案展開の後半部分に記すことにした。なぜなら授業をとおしてどんな子どもを育てたいのかを指導者が具体的にもっていないと、「主体的, 対話的で深い学び」とはなりえないからである。と同時に, そのことは評価にもつながると考えた。

下記の「授業をとおして育てたい子ども像」は, 中・西播磨地区小学校社会科教育研究発表会での第3学年社会科学習指導案より抜粋したものである。

> そうめん工場ではたらく人びとは, お客さんがおいしく安心して食べられるように, えい生や品しつに気をつけたり, ラベルにハンコをおしたり, 帯に番号をつけたりするなどの工夫をしている。

この「授業をとおして期待する姿」の記述が目標を実現する子どもの姿として考えられているかどうかが重要である。

評価のポイントとしては, 教師が「授業をとおして期待する姿」と「子ども自身が願う姿」との間に, どのような擦り合わせが行われたかどうかを確かめることになる。

なお, より具体的な評価については, 78ページで詳しく論述しているので, ご覧いただきたい。

しかけ④ 「見える化モデル」で教材を分析する。

　社会科学習では，資料にある「見えるもの（事実）」をつなぐと，その向こう側にある「見えなかったもの（意味や概念）」が浮かび上がってくる。資料をただぼんやりと見るのではなく，「空間軸（位置や空間的な広がりの視点）」，「時間軸（時期や時間の経過の視点）」，「関係軸（事象や人々の相互関係の視点）」に着目し，見えてくる事実を，比較・分類・総合し，関連付けることで，社会的事象について追究していくことができると考えた。

　そこで，下記の資料のように「見えるもの」からどのような「見えなかったもの」が見えてくるのかを整理することで教材を分析することにした。その作業をすることで，教材の構成を「見える化」することが可能となり，目ざすべきゴールがより明確となった。

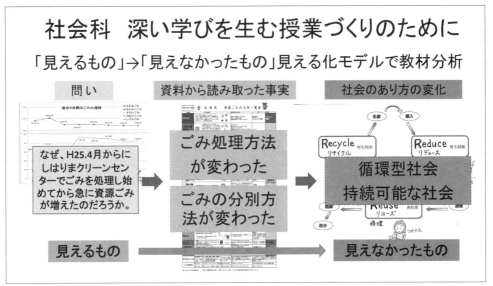

4年単元「ごみのしまつと活用」を「見える化モデル」で教材分析

しかけ⑤ 「本時のまとめ」はキーワードを使ってまとめる。

　「本時のまとめ」はキーワードを使って本時の学びを整理することで，子どもたちの思考をつなぎ，広げ，深めていくことをねらった。

　具体的な指導については，佐用町教育委員会塚本智昭指導主事より「本時のまとめ」についての指導を受け，それを本校の指導の基本型（28ページ参照）とした。

キーワードを使って「本時のまとめ」を書く

「本時のまとめ」の基本型

1　本時の目標に照らし合わせて，本時のまとめとしての記述内容（概ね満足できる：B規準）を考える。

　　○　学習済みの社会科用語を使用する。

　　○　該当学年の子どもに即した文体で書く。

2　上記の内容にあと一歩届かない記述内容（あと少しでB規準）を考える。

　　○　できれば数パターン考える。

3　1と2を比較し，記述内容として必ず使用すべき用語を1～3語抽出し，キーワードとして設定する。

　　○　キーワードが多すぎると，かえって難しくなるので注意する。

　　○　「これらのキーワードをすべて使いましょう。」よりも「どれかを使って書きましょう。全部使えたら素晴らしいね。」の方が，あとの話し合いがしやすいし，子どもの負担も軽くなり意欲もわくと思われる。

4　自力で全く書けない子どものためにヒントを準備する。

　　○　文章のアウトラインを示してやる。

　　《例》「□は，□することによって□となり，□となった。」

　　　3つのキーワードが上の□に入るよ。残り1つの□は自力で考えてね。

5　「本時のまとめ」を発表し合い，話し合う方法を考える。

　　《例》

（1）机間指導の際，子どものノートをタブレットで撮影する。

（2）発表の際，まずは自主的に発表させる。

（3）発表を聞いて気が付いたことを発表させる。

（4）話し合いを焦点化するのに適したノートを電子黒板で提示する。

（5）「この文章を見て，気が付いたことはないかな？」

　　　「これと同じように，私も□のキーワードをどう使ったらよいか分からなかったので知りたいです。」

　　　「□のキーワードを使うために～という文章を加えるといいと思います。」

　　　「…という書き方でもいいと思います。」

　　　「△△という書き方もあります。」

（6）「なるほど，こうするとすべてのキーワードが使えるんだね。」と言いながら電子黒板に書き加えをした後，文章全体をみんなで音読させる。

　　○　自力で書けなかった子どもは，この後ノートに追記する。

「本時のまとめ」においてキーワードを使ってまとめることで，もう一つねらったものがある。ずばり「言葉の力の育成」である。利神小学校が社会科学習で最も力をつけたいと考えて全校挙げて取り組んだ。

社会科の授業を進めていく上で大切なものであり，言葉の力を高めることで，コミュニケーションの道具としての言語能力を高め，友だちと意見

ペア学習の様子

を述べ合って授業のねらいまで深めることができる。授業中に大切な言葉，いわゆるキーワードを見付けるときにも，「本時のまとめ」を書くときにも言葉の力は必要となってくる。

つまり，言葉の力は「深い学び」に欠かせない。具体的には，以下のような発表モデルを提示し，クラス内での対話（やりとり）はもちろん，ゲストティーチャーをはじめとする地域の方との対話（やりとり）にも活用できるように取り組んだ。

発表モデル

【予想する】
- ● ～だから……と考えることができます。
- ● ～から……と予想します。

【比較する】
- ● AとBを比べると，〇〇〇が似ています。
- ● AとBを比べると，△△△が違います。

【分類する】
- ● AとBは同じグループに分けることができます。
- ● AとBは違うグループに分けることができます。

【関連付ける】
- ● 習ったことを使うと，〇〇〇がわかります。
- ● 自分が前に経験したことと似ているところは◇◇◇です。
- ● AとBをつなげてみると，◎◎◎に気が付きました。

【構造化する】
- ● つながりを図や表でまとめると，〇〇〇がわかります。
- ● 順番にならべてみると，△△△に気が付きました。
- ● 言いたいことを整理すると，◎◎◎です。

【多面的に考える】
- ● 違う見方で考えると，〇〇〇というふうに考えることができます。
- ● 立場を変えて考えると，△△△という考え方もできます。

4

授業実践に取り組む

　校内研修を進めていく上で，最も大切にしたことが，学び＝問いの連続という考え方である。

| 学び | ＝ | 問いの連続 |

　教職員も子どもたちと同様，「利神小ひまわりモデル（問題解決的な学習の全体構想）」をもとに，校内研修ごとに，共通する「問い」を設定しながら進めた。

　事後の研究協議の会場は研究授業を公開した教室で実施した。板書も学習環境もそのままの状態でライブ感を残したまま行った。

　指導助言をしていただいた広島大学の永田忠道先生は，私たちから「○○のようにしたい。なぜなら，△△というふうに考えているからです。」と問わない限り，口を開かれることはなかった。

　つまり，大学の先生が一方的に自らの考えを教えるスタイルではなく，現場にいる私たち自身が「何を学びたいのか。」「どう学びたいのか。」「子どもたちにどんな力をつけたいのか。」について問い続けることの大切さを学んだ。教師自らが主体的に学びに向かう姿をとおしてこそ，はじめて子どもたちと教材をとおして向き合えることの意味について教えていただいた。

　ここに，利神小学校の校内研修における「学び＝問いの連続」という考え方の原点がある。このことは地域教材の開発にも生かされることになる。

授業のぬくもりが残る教室で

永田先生のわかりやすい説明

授業者とのやりとりにも熱が入る

（1）平成30年度の取り組み

校内研修❶　水害にそなえて（4年）……平成30年6月26日

> **校内研修の問い①**
>
> 　「視点」と「問い」を生かした社会科授業づくりとは何か。

　第1回目の校内研修における「問い」は，「『視点』と『問い』を生かした社会科授業づくりとは何か。」であった。

　そこで，授業分析シートを用いて，「『視点』と『問い』を生かした社会科授業づくりとは何か。」について検討した。

<授業分析シートより>

	意　見			改　善　策		
視点と問い	**視点** ・今日の授業では水害にそなえる町役場の「仕組み」と「働き」が大事な視点になっていたのでは。 ・4年生の学習では「仕組み」と「働き」のいずれにしぼるべきか，それとも両立させるか。	**問い** ・水位の表示以外に他に町役場の人はどんな取り組みをしているかという問いは他人の追究にならないだろうか。 ・役場の方に問いかける場面設定はできないだろうか。		**視点** ・4年で取り扱う視点としては「仕組み」よりも「働き」に重点をおいてはどうだろうか。 水害へのそなえを他人事としてだけでなく，自分事としても追究できるようにする。		**問い** ・学習問題の主語を「佐用町」から「わたしたちや佐用町」にしてはどうか。 ・授業の中で佐用町役場の方々とともに考え合えるような問いの構成にしては。
資料の適切さ	**導入** ・もう少し大きな写真が良いのでは。 ・フィールドワークとの関連をもっと持たせては。 ・資料から学習問題づくりにもう一工夫を。	**検証** ・画面で大きな画像を提示してはどうか。 ・三つの資料を全て全体で検討する以外の別の手法はないか。 ・キーワードの出し方に工夫が必要。	**まとめ** ・キーワードの結びつけ方に何か工夫ができないか。 ・町役場の方の関わり方やお話はまとめの後で良かったか。	**導入** ・フィールドワークでの子どもたちも写った写真を活用しては。 ・当事者意識をもたせるように自分たちも関わっていけるような学習問題への導きを。	**検証** ・グループごとに三つの資料のいずれかを分担して考えた後に，全体でキーワードの共有を図るような資料の活用と授業の展開にしてはどうだろうか。	**まとめ** ・キーワードを組み合わせながらも，町役場が取り組んでいることや，自分たちがもっと関われることや，さらに考えてみたいことをまとめさせては。
言葉の力はついているか	**ワークシート** ・予想を書く欄と友だちの予想の中で気になったことをメモする欄は有効だった。 ・資料からわかることと予想との関連を明示できると良かった。	**発言** ・フィールドワークでの経験から発言をしようとしていた。 ・資料と教科書やハザードマップを関連付けて発言できていた。 ・情報の正しさの重要性を指摘できていた。		**ワークシート** ・ワークシートのつくりは基本的にはこのままでも良いのでは。 ・まとめの欄かその後に町役場の方にさらに聞いてみたいことや，自分たちでもっと考えてみたいことを書く欄を設けてはどうか。		**発言** ・フィールドワークでの経験をさらに引き出すような発言をうながしたい。 ・町役場への質問や提言をしたり，町役場の方や先生に子どもたちが問いかけられるような工夫を。

　上記の授業分析シートからは，「防災フィールドワークでの経験から発言しようとしていた。」ことや「ワークシートの予想を書く欄と友だちの予想の中で気になったことをメモする欄は有効だった。」ことなどを評価する声が並んだ。4年生の子どもたちに体験を通して，言葉の力が身に付いてきていることは成果であった。

平成30年度の実践（配当時間3/5）　指導者：堂本ひさみ

学習活動と予想される児童の反応	指導上の留意点　◎評価	資料
1　町が進める災害対策について話し合う。 ○この印は，何のためについているのでしょう。 ・川の水が増えて危ないことを知らせるため。 ・印がついていると逃げるときがわかりやすい。	・京橋の橋脚の写真を見せ，これは何のための印なのかを考えさせる。それは水害に対するそなえであることに気付かせ，防災の仕組みについて関心を高める。 ・総合的な学習で行った，防災フィールドワークで調べたことや聞いたことを想起させ，学習課題を設定する。	・橋脚の写真
佐用町では，水害にそなえてどのような取り組みをしているのだろう。		
2　学習問題について予想する。 ○予想をノートに書きましょう。 ・地域で防災訓練をしている。 ・雨が降ったら，佐用チャンネルで川の様子を放送している。 ・あちこちにここまで水がきたという看板がある。 ・携帯電話に防災のメールが届く。	・町の取り組みや地域の取り組みで知っていることを発表させる。 ・自分の生活の中で気が付いていることや地域の方から聞いた話などから，予想させる。 ・自分の考えを発表させ，友だちの考えを聞きながら，共感・納得したこと，気付いたことをメモさせる。	
3　町が進める災害対策を調べ，話し合う。 ○3つの資料をよく見て，何をしているところか考えて話し合いましょう。 【キーワード】 ・①→事前のそなえ ・②→情報を伝える ・③→川を広げる	・①の写真では事前のそなえ，②の写真では情報，③の写真では川幅を広げていることに目が向くように助言する。 ・②では普段と非常時の写真，③では災害前と後の写真を用意し比較できるように黒板に貼っておく。 ・2枚の写真を比較することで，防災の取り組みの大切さに気付くようにさせる。 ・「佐用町ハザードマップ」を見て考えるように助言する。 ・自分の考えがまとまったら，となりの児童と話し合う。（ペア学習）	・①防災訓練の写真 ・②佐用町ホームページの写真 ・③河川工事の写真
○キーワードを使って学習問題をまとめましょう。	・発表した意見の中から本時のキーワードを考えさせ，本時のまとめにつなげる。 ・災害が起こったとき，被害を少なくするために，佐用町がたくさんの工夫や努力をしていることに気付き，安全な町づくりへの強い思いを感じ取らせる。	
・佐用町では，災害が起こったときの被害を少なくするために，<u>事前のそなえ</u>をしています。（いろんな機器を使って）<u>情報を（正しく）伝え</u>たり，被害が大きくならないように<u>川を広げ</u>たりして，安全な町づくりをしていることがわかりました。		
4　ゲストティーチャーの話を聞く。 ○佐用町役場企画防災課の方のお話を聞きましょう。	・佐用町役場の方に来ていただいて，佐用町が進める防災の取り組みについて，3つの視点でまとめて説明をしていただく。 ◎災害に対する備えについて，人々の取り組みを理解できたか。	・ゲストティーチャーの話

ただ,「視点と問い」の観点には,「問い」の欄に,「役場の方に問いかける場面設定はできないだろうか。」という声があった。また,「4年生で取り扱う視点としては,『仕組み』よりは『働き』に重点を置いてはどうか。」という指摘もあった。さらに,「キーワードの結び付け方に何か工夫はできないか。」という意見もあり,改善策として,「キーワードを組み合わせながらも,町役場が取り組んでいること,自分たちがもっと関われることや,さら

防災フィールドワークの様子

に考えさせてみたいことをまとめさせてはどうか。」という考えも紹介された。

また,4年生で取り扱うべき視点の内容やゲストティーチャーの扱い方,キーワードによるまとめ方の工夫などの課題を残した。

永田's eye 〜問いに対する答え〜

1 成果

● 「授業の流れ＝板書＝学習ノート」の一体化が意識されており,子どもたちにはわかりやすかった。問題解決的な学習の流れの基本が共有できた。

「水害にそなえて」の板書

2 課題

● 当事者意識を持たせることで,自分がどのように関わっていくのか自分たちの問題としてとらえ,自分で考え,発言する力をつけたい。子ども同士で相談し合った方がより理解が深まるのではないか。

● 本時の視点は指摘があったように「仕組み」よりも「働き」に重点を置いた方が水害へのそなえをもっと自分のこととして追究できるようになるのではないか。

GT の活用場面と方法にヒントが

● 役場の取り組みを聞いて終わるのではなく,先に役場の人の話を聞かせる展開も考えられる。話を聞いて「これで役場の人に任せていればいいね。」と切り返す発問をすれば,子どもたちは「自分たちは本当に大丈夫なのかな。」と考え始め,より深い学びにつながるのではないか。授業のパーツはそのままで,パーツの組み替えで思考や考えを深めることができる。

> 校内研修の問い②
>
>   どうすれば地域教育資源「利神城跡」を生かすことができるのか。

　第2回目の校内研修における「問い」は，「どうすれば地域教育資源『利神城跡』を生かすことができるのか。」であった。

　そこで，「視点」と「問い」の授業分析シートを用いて，「どうすれば地域教育資源『利神城跡』を生かすことができるのか。」について検討した。

＜授業分析シートより＞

	意　見			改　善　策		
	視点	問い		視点	問い	
視点と問い	・注目して考えさせたいことをキーワードとして，学習した知識から発展させたい。	・何を答えればよいかを明確にするにはどうすればよいか。子どもの思いを含ませる。 ・子どものまとめにつながる問いにする。		・争いの時代だったのが，経済力をつけてうるおってきたという事実をもとにする。「変化と仕組み」という視点だけでなく，「安心・安定」という視点も視野にいれておく。	・47か所あった山城が無くなったのはなぜでしょう。 ・山城が無くなったことで，世の中の仕組みは，どう変化したでしょう。 ・庶民のくらしはどうなったのでしょう。	
	導入	検証	まとめ	導入	検証	まとめ
資料の適切さ	・年表（社会科，平福）はよかった。 ・山城の配置地図から見て山城が47か所から0になった疑問を生かせていない。	・「武家諸法度」と「大名の配置図」とを，学習のまとめとして生かせた。	・地域の歴史をどこまで扱うか。教科書とどう組み合わせるか。	・山城の配置地図…初めて提示する資料は，ていねいに扱う。 ・見ただけでわかりやすいものにする。	・武家諸法度の厳しさと庶民の安定（平和）を対比させる。	・これまでに習ってきたことが次の歴史につながっている。次に学ぼうとするエネルギーになるようにする。
	ワークシート	発言		ワークシート	発言	
言葉の力はついているか	・学んだ資料・言葉（用語）・事柄など，多くの知識を身に付けている。	・学んだ資料・言葉（用語）・事柄など，身に付けた知識と，教科書や資料集から見付けたことを，組み合わせて発言している。		・教科書の知識だけでなく，山城が無くなったのはなぜか，庶民のその頃のくらしはどうだったか，経済はどうだったのかなどを挙げさせると，「厳しい江戸時代」というだけでなく，豊かな文化が育ち安心して暮らせる，平和で明るい部分もとらえさせられる。	・教科書と地域の歴史を組み合わせて，深めた発言を促していく。	

平成 30 年度の実践（配当時間 9/9）　指導者：春名由有子

学習活動と予想される児童の反応	指導上の留意点　◎評価	資料
1　年表と地図に表した山城の分布地図から問いを設定する。 ○この時代の出来事を年表でふりかえりましょう。 ○これは，佐用町内の城（山城）のあった場所がわかる地図です。この時代，城にはどんな役割がありましたか。 　・高い山の上にあるので，敵が攻めてくるのもよく見えるし，味方同士合図をすることもできる。 　・戦いに勝つために，つくられた。 ○この地図は，1600 年頃の地図です。何が分かりますか。 　・城が全然ない。なぜだろう。	・社会科で学習した戦国時代から江戸時代にかけての出来事と，総合的な学習で知った利神城の同時期の出来事を，年表でふりかえらせる。 ・山城は，戦いをするために必要だったことをおさえる。 ・戦国時代に利神城をはじめとする佐用町内にあった山城の分布地図と，1600 年前後にこれらの山城が廃城や落城して無くなっている地図とを提示し，山城がいらなくなった当時の世の中を想起させ，学習問題を設定させる。	・中世から近世にかけての山城の分布地図 ・近世初期の地図
世の中のしくみは，どのように変わっていったのだろう。		
2　学習課題（問い）について予想する。 ○予想をワークシートに書きましょう。 　・利神城のような城がないということは，戦いがなくなったのではないか。 　・武士が守らなければならないきまりが関係しているのではないか。	・ノートや教科書や資料集など，持っている資料をもう一度見直すよう声をかけ，戦国時代の頃の時代背景を考えさせる。	
3　資料から自分なりに検証し，話し合う。 ○2 つの資料からわかることを書きましょう。 【資料】・①→「武家諸法度」の一部 　　　　・②→「大名の配置」の地図 ○書いたことをもとに，ペアで話し合いましょう。 ○これは参勤交代の絵図です。鳥取藩の大名が参勤交代のために因幡街道を通っていました。 ○これらの資料からわかるキーワードは何でしょう。 【キーワード】 　・<u>江戸幕府，大名，厳しく支配，佐用</u> ○キーワードを使って，問いの答えをまとめましょう。 ・江戸時代になって 1615 年以降，<u>江戸幕府</u>は，武家諸法度のような厳しいきまりや大名の配置を決めて，<u>大名を厳しく支配</u>したので，戦いのない安定した世の中になっていった。そして，この<u>佐用</u>にまで，江戸幕府の力が行きわたっていたことが分かった。	・①の「武家諸法度」からは徳川家康や家光の政策，②の「大名の配置」の地図では天下統一に向けた政策があることに目が向くように助言する。 ・1615 年 8 月に「一国一城令」が定められ，居城以外の城は廃城にする法令が制定されたことを知らせる。 ・自分の考えがまとまったら，となりの児童と話し合う。（ペア学習） ・「鳥取藩参勤交代」の絵図を資料①の補助資料として見せることで，大名が実際に佐用を通っていた歴史をさらに強く実感させて，地域の歴史と教科書での歴史をつなげさせる。 ・発表した意見の中から本時のキーワードを考えさせ，本時のまとめにつなげる。 ・本時の学習課題に対する答えをまとめとして書かせる。 ・まとめの文章が思いつきにくい A 児には，キーワードを使った文章をいっしょに考えることで書けるよう支援する。 ・町内にある山城をきっかけに，教科書で学習した全国での歴史と佐用町の歴史とをつないで考えられるよう声をかける。 ・自分の考えを発表させ，友だちの考えを聞きながら，必要であれば書き加えさせる。 ◎徳川による江戸幕府の政策が佐用にまで浸透していたことを理解できたか。	・「武家諸法度」の一部 ・「大名の配置」の地図 ・「鳥取藩参勤交代」の絵図

授業分析シートからは，「学んだ資料・言葉（用語）・事柄など，身に付けた知識と教科書や資料集から見付けたことを組み合わせて発言している。」ことを評価する声が並んだ。6年生として，言葉の力が身に付いていることは大きな成果であった。

Before/After による提示で思考のずれを生む

また，通史と地方史を組み合わせた板書（下の写真）の巧みさを評価する声も多かった。ただ，「地域の歴史をどこまで扱うのか。」という問題や「地域教材を教科書とどう組み合わせるのか。」という課題を残した形となった。

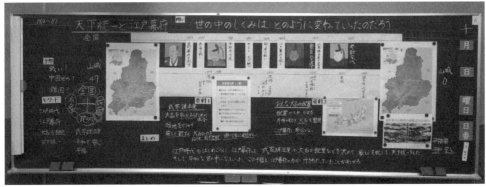

6年研究授業「天下統一と江戸幕府」　通史と地方史を組み合わせた板書

一方，「47か所あった山城が0になったという意外性のある事実を読み取ることができる資料である，山城の配置地図を作成したにも関わらず，『山城がなぜ，0になったのか。』という疑問を生かし切れていない。」という導入場面における指摘が多かった。

そこで，改善策として出された意見が，「問いを『47か所あった山城がなくなったのはなぜでしょう。』であるとか，『山城がなくなったことで，世の中のしくみは，どう変化したでしょう。』とすればよかった。そうすれば，本時でねらっていた『変化』という視点に目がいくのではないか。」という意見に集約された。

1 成果

●子どものつぶやきにもあったように、「利神城があって強い平福と、利神城がなくなってにぎやかな平福とでは、どちらがよいと考えるか。」という視点はおもしろい。これをヒントに問いを工夫するべきだ。そういう意味において、「鳥取池田藩の参勤交代」と「にぎやかな平福宿」の絵はとてもよい資料といえる。

●江戸時代を平和な時代だと感じたり、とらえたりする子どもがいることは興味深い。教

にぎやかな平福宿の様子（GTの紙芝居）

科書の知識だけでなく、「山城がなくなったのはなぜか。」「民衆のくらしはどんな様子か。」「その頃、経済はどう変わっていったか。」などを考えさせることで、「厳しい江戸時代」という暗い部分だけでなく、「豊かな文化が育ち、経済が発展して安心して暮らせる、平和な様子の江戸時代」という明るい部分もとらえさせることができる。

2 課題

●「全国」「地方」「大名」「民衆」の4つの視点（右図参照）をどう構成するか。4つのバランスを考えすぎて、1単位時間の中で指導者が4つの視点をすべて扱おうとしたため、混乱してしまった子どももいるかもしれない。思い切って、「地域・民衆」に重点をおく授業展開をとるのもよい。

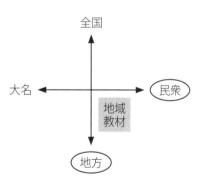

エピソード1 校長も研究授業に取り組む…平成30年10月25日

　ある教師から「社会科の授業づくりがよくわからない。」という相談があった。詳しく尋ねると，「キーワードの引き出し方がよくわからない。」ことや「キーワードを使ったまとめ方がよくわからない。」という内容であった。

　そこで，校長も一教師として，「子どもからキーワードをどう引き出すか」「キーワードを使ってどうまとめるのか。」という問いをもって授業することにした。

校長の授業研究の問い

その1　「子どもからキーワードをどう引き出すか。」

その2　「キーワードを使ってどうまとめるのか。」

　これまで行った2回の研究授業では，授業の終末で先に全体でキーワードを引き出しておいてから本時のまとめを教師が板書するという方法であった。

　校長による研究授業では，まずあえて板書には本時のまとめを書かずに，子どもに自分の考えを書かせてから数名の子どもに発表を促した。その中で共通する大事な言葉をキーワードとして板書に整理するという方法をとった。板書に教師がまとめを書いてしまうと，子どもの思考の妨げになると考えたからである。自分のまとめになかったけれど，大事だなと思った言葉（キーワード）を赤字で追記するように指示した。

　具体的な授業展開に話を戻そう。導入場面では，ペリーの錦絵を用いることで，意外性のある事実との出会いを意図した。いわゆるbefore/after提示である。子どもたちが口々にするつぶやきから，「なぜ，こんなこわい顔に描いたのかな。」といった問いが子どもたちから出た。それらをつなぎ合わせ，学習問題として，「ペ

校長による研究授業の様子

「本時のまとめ」をワークシートに書き込む子ども

リー来航によって（当時の日本に）どんな影響があったのだろうか。」と設定した。中心資料から見えてくる事実を比較し，関連付けることで，ペリー来航のもたらした影響について探っていった。

下のワークシートを見ていただきたい。

A児は，「江戸にペリーが来航し，アメリカの大統領の手紙を渡したことで，約200年間続いた鎖国が終わり，日本は，日米和親条約を結ぶと，アメリカの新しい技術や文化が伝わり，近代化へとすすんでいきました。」と自分の考えを発表した。

B児は，A児の発表を聞き，ワークシートに，「1853年にペリーが来航して日本人は大あわて（大混乱）しましたが，ペリーは，日本との貿易を要求し，1854年にもう一度ペリーが来航したとき，大名などに聞いてみたが結論は出ず，ペリーの圧力で約200年間続いてきた鎖国を取りこわし，日米和親条約を結びました。」とまとめていた文章に赤ペンで「近代化へと進んだ。」と追記していた。

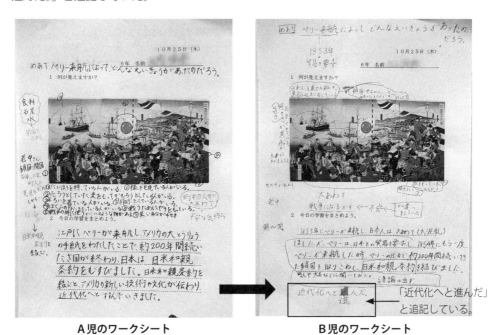

A児のワークシート　　　　　　　　　B児のワークシート

授業後に，参観した職員で協議をした結果，以下の３点について確認した。

---

① キーワードは子どもたちから出た３つ程度を選ぶが，黒板に一つ一つを新たに書かなくても，すでに黒板に書いたキーワードを〇で囲むなどして分かりやすくするだけでよい。

② キーワードを使ったまとめを書いて発表することにより，隠れたキーワードが見えてくる。

③ 板書には，あえてまとめは書かないことを基本とする。

校内研修の問い③

　どんな「問い」が子どもの追究意欲を生み出すのか。

　第3回目の校内研修における「問い」は，「どんな『問い』が子どもの追究意欲を生み出すのか。」であった。

　そこで，「視点」と「問い」の授業分析シートを用いて，「どんな『問い』が子どもの追究意欲を生み出すのか。」について検討した。

＜授業分析シート＞

	意見			改善策		
視点と問い	視点	問い		視点	問い	
	・学習課題を立てる際の発問の仕方に工夫が必要。 ・発問と問い－繋がっているか。 ・何のために「オリジナル自動車」を考えるのか。 ⇒言葉を大事に！	・子どもが自らの言葉でキーワードを考えてまとめることができた。 ・黒板の中からキーワードを見つけ出せていた子どもが多かった。 ・「問い」－「まとめ」の関連性。		・問いを立てるためには視点を先に出しておいてもよかった。 ⇒人・環境にやさしい。 ・「安全」・「環境」・「工夫」⇒「開発」	・「なぜ，そこまでして，安全で環境にやさしい車を開発していく必要があるのか。」	
	導入	検証	まとめ	導入	検証	まとめ
資料の適切さ	・資料が小さく見えづらかった。 ・既習事項は簡潔に。 ・ふりかえりは本時の課題設定に必要だったか。 ・導入から課題設定までのつながりが悪い。	・「問い」につながる資料・ふりかえりに絞る。 ・「オリジナル」という表現は適切だったのか。 ・条件設定をしっかりと。		・資料の提示 ⇒壁面の学びの足跡の活用 ・前時の終わり方と，前時のふりかえりをコンパクトに。 ⇒資料ADは要検討	・子どもたちの考えが適切かどうか。 ⇒GTに意見をもらう。	・キーワードを自分で探してまとめる。 ・「これからの社会が，自動車（工業製品）に，安全や環境のことを考えたものを求めているから。」
	ワークシート	発言		ワークシート	発言	
言葉の力はついているか	・メモ欄があるのは良い。（高学年）	・「オリジナル」という言葉に対しての，子どもたちの解釈が，まちまちであった。		・「絵」を描く欄を設ける。 ⇒黒板に車の絵を準備する。 ⇒みんなの意見を書き込む。 ・「視点」・「条件」を明示したワークシートに（イラストの必要性…）	・「資料から〇〇がわかります。」…積み上げ ・いろいろな意見から視点を意識して，焦点化していく。	

　校内研修では，前時に作成した子どもたちの調べ学習（模造紙の資料）が興味深かったという意見が多かった。例えば，電気自動車にもデメリットがあり，ハイブリッドカーにもデメリットがあることを子どもたちなりに指摘する内容である。必ずしも子どもたちは，未来の自動車イコール電気自動車だとは思っていない。ましてやいま，売れているエコカーでもない。そこで，子どもたちの思考を逆手にとって，「なぜ，そこまでして，安全で環境にやさしい自動車を開発する必要があるのか。」と問えば，学習内容を深めることができたのではないかという意見が主流であった。

学習活動と予想される児童の反応	指導上の留意点　◎評価	資料
1　前時までに学習した，自動車生産における工夫や努力についてふりかえり，本時の問いを設定する。 ○自動車生産に関わる人たちは，どんな工夫や努力をしていますか。 ・ハイブリッドカーやEVを開発した。 ・エアバッグ付きの自動車を作った。 ・手や足が不自由な人でも乗れる自動車もある。 ○今日はこれからの「自動車」について考えたいです。どんな問いが考えられますか。	・教科書やワークシート，写真や掲示物をもとに，これまでに学習した工夫や努力をふりかえらせる。 ・「エコカー」などの「エコ」の分野だけでなく，「安全」や「人にやさしい」などの分野における工夫にも目を向けさせる。 ・多少時間がかかっても，児童らの言葉で，学習問題（問い）を設定させる。	・既習掲示 ・デジタル教科書 ・エコカー関連の資料
これからは，どんな工夫をした自動車が求められているのだろう。		
2　学習問題について考える。 ○自分なりの「オリジナル自動車」を開発して，ワークシートに書きましょう。 ・特に環境面について考えてみました。 ・安全で安心な自動車が必要です。 ・人にやさしい自動車が必要なのでは。	・教科書やワークシートなど，自分が持っている資料がヒントにもなることを伝え，もう一度見直すよう声をかけ，課題解決に向けて考えさせる。 ・「乗用車生産台数」のグラフを提示し，生産台数の減少に気付かせ，自動車をつくる工業の発展を願う立場からもオリジナル自動車を考えさせる。 ・なかなか開発が進まない児童には声かけをし，既習掲示やこれまでにまとめてきたワークシートの内容をもとに，自分の考えをまとめられるようにする。	・ワークシート ・デジタル教科書
3　自分が考えた「オリジナル自動車」について発表する。 ○「オリジナル自動車」を発表しましょう。 ・排気ガスが絶対に出ない自動車。 ・事故を事前に防ぐ安全な自動車。 ・今より進んだ自動運転付き自動車。 ・騒音が出ない音無しの自動車。 ・絶対に「命」を救ってくれるエアバッグ（外にも出る）付き自動車。 ・目や耳が不自由な人でも安心して運転できる自動車。	・自分の考えを発表する際には，友だちの考えをしっかりと聞き，類似点や相違点に着目させながら発表させる。 ・できる限り，全員に発表させたい。また，友だちの発表を聞いて，考えたこと・感じたことも発表させる。 ・みんなで発表した意見の中から本時のキーワードを考えさせ，本時のまとめにつなげる。	
4　学習したことをふりかえり，これからの工業生産にとって必要なことを考える。 ○今日の学習のキーワードを考えよう。 【キーワード】 ・自動車，エコカー，環境，安全 ○キーワードを使って，問いの答えをまとめましょう。 ・これからは，今まで以上に環境や，安全について考えられた自動車が求められている。	・本時の学習問題（問い）に対する答えをまとめとして書かせる。 ◎これからの自動車づくりについて，どんな工夫をした自動車が求められているかを考えることができたか。 ・他企業の経営戦略がわかる資料を提示し，他の工業においても環境保全や，社会・消費者のニーズにこたえる取り組みを行っていることに気付かせる。	・デジタル教科書 ・他業種企業のWEBページ

1 成果

●前時の子どもたちが作った資料から単元目標につながる本時の問いを短時間でつくることができる。

「今，エコカーが売れている。」という事実は裏返せば，「なぜ，今，エコカーが売れているのだろう。」という問いになる。

●関連付けるという思考から，新しい価値を生み出そうとする努力はよかった。例えば，長崎漁港で獲れるアジに付加価値をつけて，ブランド化して売り出して

子どもが調べたエコカーの長所と短所

いる試みがある。その試みのように，安い原料から付加価値をつけて高い商品をつくり，産業が発展していくということを子どもたちが理解することはなかなか難しいが，5年生の子どもたちにわかるような授業をつくっていくことはできる。

2 課題

●何のために「オリジナル自動車」を作るのかを考えなければならない。「アイデア自動車」が思い浮かんだある子どもは，「浮く自動車」と言っていた。あくまでも，単元目標につながる「問い」にする必要がある。

●前時の資料（エコカーの長所と短所）を使うと，「なぜこんな短所があるのに，エコカーが売れているのだろう。」と，本時の問いを短時間でつかむことができる。「なぜ，そこまで

事後研究会でどんな「問い」がよいのか議論

して安全で環境にやさしい車を開発していく必要があるのだろう。」という問いに絞ればよかったのではないだろうか。

●検証場面において，子どもたちが考えた未来の自動車をゲストティーチャーに提案するような授業形態を模索したい。

●社会科でよく言われる工夫や努力・人々の願いとは何か。まず，知恵（工夫）や汗（努力）を出さないと乗りこえられない壁や問題に子どもたちを出会わせなければならない。見える工夫や努力を社会科で見せていくことで，社会の現実は同じだとわかる。工夫や努力と簡単に書いてしまうが，その具体な内容を書かないと分かったことにはならない。

校内研修❹　工場ではたらく人びとの仕事（3 年）…平成 31 年 2 月 20 日

校内研修の問い④

意外性のある事実との出会わせ方から思考をどう深めるのか。

　第 4 回目の校内研修における「問い」は，「意外性のある事実との出会わせ方からどう深めるのか」であった。

　そこで，「視点」と「問い」の授業分析シートを用いて，意外性のある事実との出会わせ方からどう深めるのかについて検討した。

<授業分析シート>

	意　見		改　善　策	
	視点	問い	視点	問い
視点と問い	・工夫と努力を明確に区別する。3 年生には「努力」は難しい。 ・かまぼこの学習でも「努力」に目を向けていたらよかった。	・「今日はどんなことを勉強しようか。」と問いかけ，自分たちでめあてを設定して学習意欲を高めていた。 ・子ども側からの「出荷」という言葉を使用して課題を設定した。	・外国にもそうめんが出荷されている事実，その驚きを大切にしたい。 ・生産の学習であって，販売の学習ではない。そうめんと自分たちのつながりに焦点を当てたい。	・なぜ外国語のラベルのそうめんがあるのか。 ・第 9 時のかまぼこの学習のときと，同じ問いにならないようにしたい。
	導入	検証	まとめ	導入	検証	まとめ
資料の適切さ	・導入が長かった。板書もなくてもよかった。 ・既習の掲示物が，課題に対する予想のヒントとなっていた。	・関連資料が多いので，指示をスモールステップで丁寧にしたい。 ・実物の提示で，子どもの関心が高まった。	・一年間の成果が感じられた。 ・ビデオから読み取るのは少し難しい。 ・アジアや東北地方の意味がわかるのか。	・導入をシンプルに。時間マネジメントを大切に。 ・海外向けのそうめんをいきなり見せる。	・資料の精選（3 つぐらい）と加工の必要性がある。 ・資料から見えること，気付くことだけでなく，わかること，考えることにつなげたい。	
	ワークシート	発言	ワークシート	発言
言葉の力はついているか	・書く量が多く，書く時間も足りない。 ・つぶやきや子ども同士の掛け合いで，リズムよく授業が進んでいる。	・「同じで」「似ていて」など，つながりを意識した発言が自然と出来ていた。 ・つぶやきや反応も良く，意欲的に学習に取り組もうとする雰囲気がある。	・資料を精選する。 ・書くポイントを絞る。	・グループ（ペア）学習も取り入れて，より練り上げることも考えたい。

　授業分析シートからは，「実物の提示で，子どもの関心が高まった。」という検証場面における資料の適切さが評価された。さらに，改善策の視点からは，「外国にもそうめんが出荷されている事実，その驚きを大切にしたい。」という指摘に続き，「なぜ英語で書かれたラベルのそうめんがあるのか。」という問いを設定するのがよかったのではないかという意見があった。

　また，「言葉の力はついているか。」の観点では，「発言」の欄に，「つぶやきや反応も良

平成 30 年度の実践（配当時間 13/14） 指導者：西坂光生

学習活動と予想される児童の反応	指導上の留意点　　◎評価	資料
1　今までの学習をふりかえり，本時の学習問題を設定する。 〇Ａさん（生産者）の工場で完成したそうめんは，この後どうなるのでしょう。写真を見て考えましょう。 〇工場で作られたそうめんが，倉庫で出荷を待っています。今日の問いを考えましょう。	・写真とＡさんの言葉を基に，検査→倉庫で熟成→加工場→袋詰め→箱詰め→倉庫で保管され，出荷を待つという流れを確認する。その後，学習問題づくりにつなげていく。 ・出来るだけ児童の言葉で課題を作らせる。	・完成後の流れ（写真）
<div style="text-align:center">倉庫で出荷を待つそうめんは，どこへ運ばれていくのだろう。</div>		
2　学習問題に対して予想する。 〇予想をワークシートに書きましょう。 　・日本中に運ばれている。 　・外国にも運ばれているかもしれない。 　・兵庫県の近くの県に運ばれている。 　・運ばれる県と運ばれない県がある。	・ヤマサかまぼこの出荷先（15 の府県と海外）と比べながら，揖保乃糸のそうめんの場合はどうか予想させる。	・揖保乃糸を販売している地域の地図 ・輸出している国々の地図 ・揖保乃糸の実物（海外向けの揖保乃糸）
3　資料をもとに学習問題について考え，話し合う。 〇資料からわかることをワークシートに書きましょう。 　・北海道から沖縄まで日本全国に出荷している。 　・関東地方が多い。 　・東北地方や四国は少ない。 　・かまぼこより広い範囲に出荷している。 　・アメリカやアジアが多い。 　・外国にもたくさん運ばれている。 〇外国の方にそうめんを食べてもらうためにどんな工夫をしているだろう。 　・試食コーナーで食べてもらう。 　・作り方，食べ方を教える。 　・そうめんの美味しさを説明する。 　・CM やインターネットで発信する。 　・外国向けの味にする。	・揖保乃糸を販売している地域や輸出している国々の地図を見て考えさせる。 ・この資料だけでなく，本当かどうか確めるにはどうしたらいいか，どういう資料が必要か考えさせて，次の資料を提示する。 ・兵庫県は手延べそうめんの生産量が日本一であり，特に夏はカップヌードルと同じくらいの配荷率であることを知らせる。 ・海外向けの揖保乃糸を紹介し，海外に出荷されていることを実感させる。そこから出た疑問をもとに，食べてもらうための工夫に目を向けさせ，次の問いにつなげる。 ・素麺組合が海外で行っているプロモーション活動の映像を見せ，予想を確かめさせる。販売量が年々増えていること，2019 年も計画されていることを補説し，日本各地や海外に販売するためにさまざまな工夫や努力をされていることに気付かせる。 ・ALT がそうめんを食べた感想を紹介し，海外にも人気が出てきていることを実感させる。	・プロモーション活動の映像（揖保乃糸の HP の動画） ・ALT の感想
4　学習したことをふりかえり，そうめんの出荷についてまとめる。 〇今日の学習のキーワードを考えよう。 【キーワード】 　・海外，日本各地，つながる，努力 〇キーワードを使って，問いの答えをまとめましょう。	・発表した意見の中から本時のキーワードを考えさせ，まとめにつなげる。 ・Ｂ児には，書き出しや使うキーワードを一緒に考えることで，まとめが書けるように支援する。二文でもよいこととする。 ・自分の考えを発表させ，友だちの考えを聞きながら，必要に応じて修正させる。	
・倉庫で出荷を待つそうめんは，さまざまな努力の結果，日本各地や海外に運ばれている。 ・そうめん工場は，そうめんをとおして日本各地や海外ともつながっている。	◎生産者の思いを込めたそうめんは，販売を拡大する努力の結果，日本各地だけでなく海外にも出荷されていること，そうめん工場は，そうめんをとおして日本各地や海外ともつながっていることを理解できたか。	

く，意欲的に学習に取り組もうとする雰囲気がある。」という評価があった。改善策としては，せっかくつぶやきの出る子どもたちに育てているのだから「グループ（ペア）学習も取り入れて，よりいっそう考えを練り上げたい。」という意見が出た。

永田's eye 〜問いに対する答え〜

① 成果

●指導者である西坂光生先生の「足でかせぐ」資料集めに賛辞を贈りたい。全国各地をくまなく回って，いろいろなそうめんを集めたり，そうめんに関する資料を山ほど収集されたりしていた。
海外向けのそうめんまで準備されていたのには驚かされた。

海外に出荷されているそうめん

② 課題

●いきなり英語のラベルのそうめんを見せて，「なぜ英語のラベルのそうめんがあるのだろうか。」と問いを作り，「では，出荷先はどんなところだろうか。」「どうして外国に出荷しているのだろうか。」「食べてもらうためにどんな工夫をしているのだろうか。」という展開の方が「視点」と「問い」の整合性がある。

●資料が多く，情報量が多いので，やはり資料を精選すべきである。また，3年生には都道府県や世界地図も難しいので，資料の加工が必要である。（場所と出荷量を2段階に分けて見せる工夫が必要。）

●グループ学習やペア学習を取り入れて，さらに考えを練り上げて全体で意見交流をする機会も設けたい。

●導入に時間がかかりすぎた。できるだけ早く本時の問いへもっていきたい。

●評価の観点は，さまざまな工夫をしているという包括的なものよりも，具体例を挙げたものの方が望ましい。

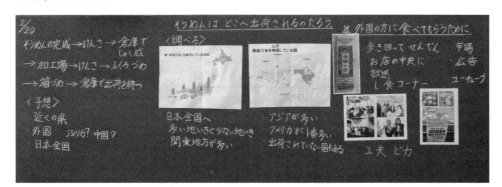

「そうめんの出荷先はどこ？」の板書

中間評価より「やればやるほど伸びない！？」

　子どもの実態をより正確に把握するために，平成31年2月，第2回目の社会科の学習アンケートを実施した。その結果，「社会科の学習が好きだ。」「社会科の授業がわかる。」「地域の人と一緒に社会科の学習をするのが好きである。」と肯定的にとらえている子どもが9割以上に増えていた。

　しかし，前回同様，自分の考えを発表することや自分の考えを説明すること，友だちの考えに対して意見を言ったり質問したりできること，調べたことを図や表，グラフなどを使ってまとめることができるの項目は，まだ低い結果を示していることが明らかになった。職員の中からは「やればやるほど伸びない！？」といった感想も漏れ始めた。

　そこで，何が原因なのかを研究推進委員会を開催し，探ることにした。

学びのあしあとを見て考える子どもたち

　結論としては，平成30年度の取り組みの中で，「問い」を生み出すために一単位時間（45分）のうち15分も費やすという問題に突き当たった。また，本当に深めたい問い（本校では「問い」の質を高めるという観点から「深める問い」と定義）を発する時間が授業時間の後半，つまり，授業開始後35分〜40分くらいになってしまい，じっくり考える時間がないという問題にも直面した。だから，子どもたちは問いに対する答えが深まっておもしろいと感

智頭線平福駅を調べる

じるまでに至っていないのではないかという結論にたどり着いた。単元における問題解決的な学習の流れは定着してきたものの，一単位時間における問題解決的な学習の流れには課題が残ったことを実感した。

NAGATA'S eye!

永田's eye 〜問いに対する答え〜

☐ 成果 & 課題

●「やればやるほど伸びない!?」という先生方の声は，大きな課題のように見えるが，実はとても大きな成果である。子どもたちにとっても先生方にとっても大きな課題が見えてくることは，大きな成果である。

（2）令和元年度の取り組み　＜大きな転換点＞
～中心となる思考場面を生み出すために授業のシステムを変える～

校内研修❺　ごみのしまつと活用（4年）…令和元年5月29日

> 校内研修の問い⑤
>
> 　資料の精選と効果的な資料の提示の仕方をどうするか。
> 　体験的な活動を「深い学び」へとどう活用するか。

　新年度となり，担任も様変わりしたため，第5回目の校内研修における「問い」は，「資料の精選と効果的な資料の提示の仕方をどうするか。」と「体験的な活動を『深い学び』へとどう活用するか。」の2つとした。

　昨年度の研修で，「視点」と「問い」を生かした社会科授業づくりの授業分析が板についてきたので，校内研修のスタイルを改善することにした。本年度からは授業分析シートを用いず，校内研修の問いに対する意見交流を中心とした協議会スタイルに切り替えた。

検証1　（問い1）「資料の精選と効果的な資料の提示の仕方をどうするか。」

　当初，指導者である大部慎之佑先生は，48ページにある展開の中で，問いを生み出すために下の資料を想定していた。しかし，折れ線が多く，子どもたちが比較する対象を特定しにくいことやそもそもこの時期の4年生の子どもたちが折れ線グラフを学習していないことから，比較しやすいシンプルな棒グラフに作り直すことにした。

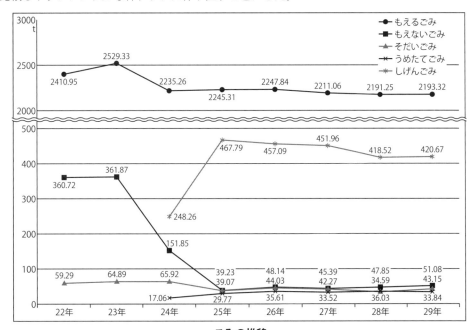

ごみの推移

令和元年度の実践（配当時間 3/12）　指導者：大部慎之佑

学習活動と予想される児童の反応	指導上の留意点　◎評価	資料
1　佐用町のゴミの量の推移を示したグラフを見て，気付いたことについて意見を出し合う。 ○グラフを見て，気付いたことを発表しましょう。 ・平成23年から平成25年までの間にもえないごみの量が大きく減っている。 ・もえるごみの量も，もえないごみと同じくらい減っている。 ・もえるごみの量は，もえないごみよりも多い。	・提示したグラフは，佐用町の平成23年と平成25年ごみの量を表したものであることや，グラフに示されているごみの種類は，もえるごみともえないごみであることなどを伝え，すべての児童がグラフから情報を読み取れるよう支援する。 ・児童の発言を拾い上げながら，児童の言葉を使って本時の学習問題を設定する。	・ごみの推移を示したグラフ ・クリーンセンターの写真

> クリーンセンターができたことで，何が変わったのだろう。

2　学習問題について予想する。 ○予想をノートに書きましょう。 ・ごみがリサイクルされるようになった。 ・ごみの集め方が変わった。 ・家庭からごみを出す人が減った。		
3　平成24年以前と以後でごみの分別方法がどのように変化したかを確認し，それぞれの方法でごみの分別を体験する。 ○二つのごみの分別表を見比べて，気付いたことを話し合いましょう。 ・以前は，もえるごみ，もえないごみ，粗大ごみの3つだけに分かれていた。 ・現在は，ビン，缶，紙など細かく分けられている。 ○二つの分別表をもとにごみを分別してみましょう。 ○ごみを分別することで，どんな良いことがあるのでしょう。 ・リサイクルできるものとリサイクルできないものを分けることができる。 ・ごみの量を減らすことができる。	・平成24年以前は，ごみの分別は，3区分だったのに対し，現在は，6区分17分別となり，細かな分別がされていることに気付かせ，平成24年以前と現在では，ごみの分別の仕方に大きな違いがあることを知らせる。 ・以前の分別法で行う班と現在の分別法で行う班の二班に分かれてごみの分別を行う。活動の際は，それぞれの班で教師が分別が正しく行われているかを観察し，必要に応じて児童に助言を行う。 ・資源物がどのようなものに生まれ変わるのかを具体的な製品や写真で提示することで，ごみが資源として活用されているという実感を持たせる。	・現在のごみ分別表と平成24年以前の分別表 ・資源ごみを活用した製品
4　学習したことをふりかえり，本時の学習問題をまとめる。 ○今日の学習のキーワードを考えましょう。 【キーワード】 ・クリーンセンター，ごみの分け方，資源，リサイクル ○キーワードを使って，問いの答えをまとめましょう。 ・クリーンセンターができたことで，ごみの分別の仕方が大きく変わり，これまではごみとして捨てられていたものが資源としてリサイクルされるようになった。	・児童の発言をもとに本時のキーワードを考えさせ，本時のまとめにつなげる。 ・自分の考えを発表させ，友だちの考えを聞きながら，必要に応じて修正させる。 ◎ごみの分別により，これまではごみとして捨てられていたものが，資源としてリサイクルされるようになったことを知るとともに，ごみを分別することの大切さに気付くことができたか。	

実際の授業記録（3/12時）より引用しながら検証した。

T：これは，佐用町のごみの量を表し
　　たグラフです。これを見て，何か
　　気付いたことはありますか。
C：平成25年は，どちらともごみの
　　量が減っています。
T：どうして，ごみの量が減ったのだ
　　と思いますか。
C：クリーンセンターができたからだ
　　と思います。

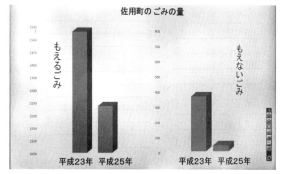

佐用町のごみの量

よりわかりやすい資料提示を心がけた

T：なるほど。クリーンセンターができたからごみの量が減ったのですね。
C：クリーンセンターができて…。
C：クリーンセンターができて，何が変わったのだろう。

> 【検証結果】47ページのグラフと比べていただけるとわかりやすいと思うが，上のグラ
> フでは比較する対象を「もえるごみ」と「もえないごみ」の2つに絞ったこと，さらに，
> クリーンセンターが稼動する前の年と稼動し始めた年のみの比較に絞ったことで，短時間
> で子どもたちが問いを生み出すことができたことがわかる。

検証2 （問い2）「体験的な活動を『深い学び』へとどう活用するか。」

　4年生の子どもの多くが実際にごみの分別をした経験がなかったため，体験的な活動とし
て，授業の中でにしはりまクリーンセンターができる前，つまり，平成24年より前のごみの
分別と平成25年以降のごみの分別を体験させることで，「なぜ，クリーンセンターができた
ことで，佐用町のごみの量が激減したのか。」について考えさせることをねらった。実際の授
業展開から検証してみることにする。

T：（ワークシートを配布）予想を立ててみましょう。思いついたことをワークシートに書き
　　ましょう。
C：種類ごとに分けてごみを集めるようになったと思います。
T：ここに平成24年より前のごみ分別表と平成25年以降のごみ分別表があります。比べて
　　みると，どうですか。
C：前と今とでは全然違います。
C：前は，もえるごみ，もえないごみ，粗大ごみの3つだけですが，今は細かくごみが分けら
　　れています。
T：皆さんは，ごみの分別をしたことがありますか。今日は，先生が色々な種類のごみを集め
　　てきたので，実際に，ごみの分別を体験してもらいたいと思います。

Ｃ：（以前の分別表を使う班と現在の分別表を使う班に分かれてごみを分別していく。）

Ｔ：ごみの分別をしてみて，どんなことを感じましたか。

Ｃ：前の分け方のほうが早く終わります。

Ｃ：今の分け方は，時間がかかって大変でした。

Ｔ：確かにそうですね。でも，前の分け方だと，ほとんどがごみとして捨てられてしまいますね。今の分け方だと？

Ｃ：ごみじゃなくて，資源になります。

Ｃ：たくさんのものがリサイクルされます。

Ｔ：そのとおりですね。捨てればごみだけど，分ければ資源になって，リサイクルできるということですね。

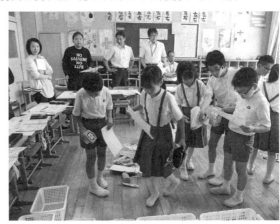

実際にごみの分別を行っている場面

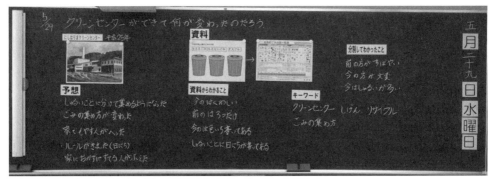

「ごみのしまつと活用」の板書

【検証結果】以前の分別は簡単で早く終わることに気付き，現在の分別では，時間がかかり大変なことに気付いた子どもたちに，すかさず，「前の分け方の方が簡単で時間がかからないのに，なぜ，今の分け方をするのかな。」と問い返せば，子どもたちがごみの分別の意味を深く理解することができたと考えられる。問い返しのタイミングがその理解を深めるかどうかの分かれ目となることがわかった。

① 成果

●本単元を学習するまでは，普段から自分たちが出すごみに注意を向けたことがある子ども は少なく，ごみステーションに出したごみがその後どうなるのかを知っている子どももあま りいなかった。そのため，本学習は，自分たちの生活と密接に関係するごみの存在について 考える貴重な機会となり，子ども自らもごみの減量や資源化に関わる当事者であるという意 識を高めることができたという意味で成果を得られたと考える。

② 課題

●課題としては，授業の中で設定した「問い」について考えるための十分な時間が確保でき なかったという点が挙げられる。本単元では，「本時の問い」となる学習問題を1時間の授業 の導入部で設定し，その問いについて考え，深めていくという展開で授業を行った。しかし， 「問い」を生みだすための導入部に時間を多く費やしたため，「問い」について考えるための 十分な時間が確保できなかった。その結果，子どもたちの思考が十分には深められなかった。

　そこで，「前時に問いを作ってみてはどうか」という提案をした。

　具体的には，3・4年は，学習計画の段階で調べる段階の問いを作り，5・6年は前時に 問いを作ることを提案した。そのことで，中心となる思考場面にたっぷり時間をあてること ができると考えるからである。

　利神小学校でいう「転」いわゆる思考の中心場面において「深める問い」を発すること，深 める一手としての「問い返し」，そして，「結」いわゆるまとめの段階で，5・6年は，「次時の 問いづくり」という指導過程が出来上がることになる。「深い学び」を「目標を実現する学び」 だととらえれば，「深める問い」とは「授業の目標実現に向かっていく直接的な問い」と考え てよい。

校内研修 ❻ 武士による政治のはじまり（6年）…令和元年6月26日

第6回目の校内研修の「問い」は以下のとおりである。

> 校内研修の問い⑥
>
> 　深める問いを開始から20分以内で発することで，中心となる思考場面にじっくりと時間を割き，深い学びを創り出せないだろうか。

　そこで，令和元年5月29日校内研修での永田先生からの提案（51ページのコラムの「課題」参照）を受けて，下図のような1単位時間における問題解決的な学習の展開を考案した。

　まず，前時に「問い」を作成することで，本時は「深める問い」を発するまで20分で展開できるように社会科における1単位時間の授業の指導過程を工夫・改善した。

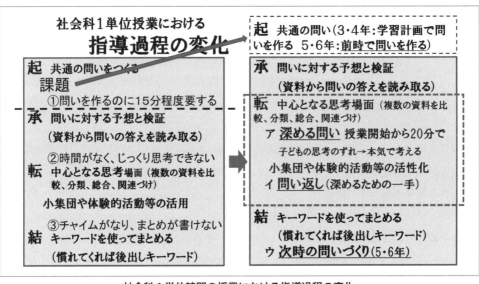

社会科1単位時間の授業における指導過程の変化

　具体的には，前時に「問い」をつくることで，前もって教科書の内容に目をとおしてくるなど予習してくる子どもが増え，見通しをもって授業に臨むという主体的な態度の育成につながると考えた。また，「深める問い」についてしっかりと議論できる時間を生み出すことで，「深い学び」にもつなげたいとねらった。教師が子どもの発言やつぶやきを問い返すことで，深めることが可能となることや，「次時の問い」をつくることで，ふりかえりの視点まで生み出すことができるのではないかという仮説を立てた。

　つまり，中心となる思考場面を生み出すために1単位時間における授業のシステムを変えるという取り組みを推進していくことにした。

令和元年度の実践（配当時間 4/5）　指導者：福本陽子

学習活動と予想される児童の反応	指導上の留意点　　◎評価	資料
1　前時に設定した問いを確認する。	・前時の終わりに設定した問いを提示し，本時の学習の見通しを持たせる。	
元との戦いの結果はどうなったのだろう。		
2　元軍との戦いについて話し合う。 〇資料から，見えることを発表しましょう。 　・御家人は馬に乗っている人が1人で戦っているが，元軍は3人いる。 　・元軍が着ている服は御家人とは違っている。 　・弓矢ややりを持って戦っている人がいる。 　・大砲の玉みたいなものが飛んでいる。 〇元との戦いの結果はどうなったのでしょう。 　・元軍の集団戦法や火薬兵器に苦しめられて，激しく戦った。 　・御家人たちは命がけで戦った。 　・元軍に2回もせめられたけれど勝てた。 　・鎌倉幕府が勝った。	・元の要求を北条時宗がはねのけたことから戦いになり，御家人たちは時宗の命令を受けて九州北部へ守りに行ったことをおさえる。 ・御家人は1人で元は集団であることや身に付けているもの，これまでに日本が持っていない兵器を使用していることにも目を向けさせ，日本と元に大きな違いがあることに気付かせ，この戦いが幕府にとっても，御家人たちにとっても非常に苦しい戦いだったことを印象付ける。 ・御家人が命がけで戦う背景には，どのようなことがあったのかを考えさせ，御家人にとって領地を守ることや領地を広げること（御恩）は非常に大切なことであったということを想起させる。 ・2度もせめられながらも，なんとか幕府が勝つことができたことをおさえる。	・北条時宗の挿絵 ・元軍と戦う竹崎季長の挿絵 ・てつはうの挿絵
3　元との戦いに勝利したにも関わらず幕府が衰退した原因を考える。	・元との戦いに勝利した後，鎌倉幕府がたおされてしまうことを伝え，鎌倉幕府が滅びた理由を考えさせる。	
≪深める問い≫　元との戦いに勝ったのに，どうして幕府は滅びてしまったのだろう。		
〇元との戦いの後，ほうびがもらえたのかどうか，話し合いましょう。 　・元との戦いで活躍した竹崎季長は直接幕府にほうびをもらいに行ったので，ほうびをもらうことができた。 　・他の武士たちも命がけで働いたからほうびがもらえたのではないか。 〇元との戦いに勝ったのに，どうして幕府が滅びてしまったのでしょう。 　・命がけで働いたのにほうびがもらえなかった。 　・幕府へ不満をもつ御家人が出てきた。 　・御恩と奉公の関係がくずれてしまった。	・竹崎季長が幕府へほうびをもらいに行く場面の動画を見せ，季長はほうびをもらうことができたが，他の御家人たちもほうびがもらえたかを考えさせ，ほとんどの御家人はほうびをもらうことができなかったことをおさえる。 ・ほうびをもらえなかったことで御家人がどのような気持ちを持っていたかをペアで考えさせ，幕府に対する不満が高まったことに気付かせる。 ・命がけで戦ったにも関わらず，ほうびがほとんどもらえず，幕府への不満が高まり，御恩と奉公の関係が崩れたことが原因で幕府が倒されたことをおさえる。	・ほうびを求める季長の挿絵 ・NHKクリップ動画
4　学習をふりかえり，まとめをする。 〇今日の学習のキーワードは何でしょう。 【キーワード】 　元との戦い　御恩と奉公　幕府への不満 〇キーワードを使ってまとめましょう。 元との戦いでは勝つことができたが，幕府への不満が大きくなり，御恩と奉公の関係がくずれ，鎌倉幕府はたおされた。	・本時の中で出てきた言葉からキーワードを考えさせ，本時のまとめへとつなげる。 ・まとめの文章を書きにくい児童には，板書をふりかえりながらキーワードを使った文章を一緒に考え，まとめさせる。 ◎御恩と奉公という強い関係で結ばれていた幕府と御家人（武士）の関係が元との戦いによって崩れ，幕府の衰退につながったことに気付くことができたか。	・室町の地図 ・金閣の写真
5　次の時代の問いを考える。 〇鎌倉幕府がたおされた後，次の政治の中心はどこでしょう。	・鎌倉幕府がたおされた後，政治の中心は京都に移されたことを知らせ，次の時代の学習への見通しを持たせる。	

3章　利神小学校が目ざした「視点」の意識化と「問い」の質の向上

6年生の校内研究での授業を取り上げると，1単位時間の学習の流れとして，「学習問題の
確認⇒学習問題の追究⇒深める問いの設定⇒深める問いの追究⇒まとめ⇒次時の学習問題の設
定」というように，前時に学習問題の設定をしたり，本時はさらに深める問いを設定して問題
を追究したりするなど効率的により深い学びが実現できるように学習が進んでいったことがわ
かる。

　本小単元は，武士が政治の中心となった鎌倉時代についての学習である。平安時代の終わり
頃，農民が自分の領地を守るために武器を持って戦いにそなえるようになったところから，平
氏や源氏の台頭，鎌倉幕府の成立，北条氏による執権政治，元寇によって鎌倉幕府が衰退して
いくまでの一時代の流れを学習した。

　以下，具体的な取り組みの中で，学習の流れに沿って報告する。

つかむ

《1時間目　武士のおこり》

学習問題　**武士はどのような生活をしていたのだろう。**

　　　　＊武士の屋敷の様子の挿絵から，当時の武士のくらしについ
　　　　　て考える。
　　　⇒　農民が自分の領地を守るために武器を手にしたことが武
　　　　　士のはじまりであることから，子どもは，武士のくらしは
　　　　　農民のくらしと同じく，普段は農業に従事し，屋敷も貴族
　　　　　に比べて質素な造りであったことをつかんだ。また，有事
　　　　　にそなえて武芸の稽古にも励んでいたことを読み取ること
　　　　　ができた。

子どものワークシート

まとめ　武士は自分たちで農業をしながら，戦いにそなえて武芸にはげんでいた。

単元をつらぬく共通の問い（学習問題）　**鎌倉時代は，どんな時代なのだろう。**

※歴史事象の関連に着目して，時代の特色をとらえられる子どもにしたいというねらいから，単元をつら
　ぬく共通の問い（学習問題）として，「鎌倉時代は，どんな時代なのだろう。」を設定した。

しらべる

《2時間目　武士のあらそい》

学習問題　**武士たちはどのように力をつけていったのだろう。**

　　　　＊平治の乱の挿絵から，当時の争いの様子を考える。
　　　⇒　まず，平清盛を中心とした平家が京都で源氏をうちやぶった戦い（平治の乱）を
　　　　　きっかけに，平清盛が力をつけて太政大臣にまでのぼりつめていったことをおさえ
　　　　　た。しかし，たった26年間で平氏の政治は終わりを迎えたことに対する疑問をも
　　　　　とに，さらに深める問いを設定し，追究した。

深める問い　平氏はなぜ，ほろびてしまったのだろう。

⇒　深める問いを追究するための資料として，まず，平氏
の政治の様子をまとめたビデオクリップを子どもたちに
提示し，他の武士から反感を持たれていたことをおさえ
た。さらに，源氏の進路図と源氏と平氏の主な戦いをま
とめた年表を提示した。平氏に反感を持っていた武士た
ちと協力した源氏が，平氏の本拠地であった山口まで平
氏を追い詰め，壇ノ浦の戦いにて平氏を打ち破ったこと
をとらえることができた。

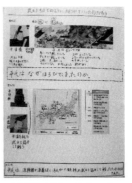

子どものワークシート

まとめ　平氏は，平氏に不満を持った源頼朝や義経ら源氏軍と戦い，滅ぼされた。

《3時間目　源頼朝が鎌倉に幕府を開く》

学習問題　源頼朝は，どんな政治を行ったのだろう。

＊鎌倉幕府が置かれた鎌倉の絵図と，御恩と奉公の関係か
ら考える。

⇒　まず，鎌倉幕府の置かれた鎌倉の様子の絵図から見え
るものを交流し，鎌倉幕府が山や海に囲まれ，敵から攻
められにくい場所に置かれたことをとらえた。そして，
源頼朝が行ったことや将軍と御家人との間で結ばれた
「御恩と奉公」の関係についておさえた。その上で，鎌
倉幕府は，平氏とは違い約140年間も続いていたこと

子どものワークシート

に気付き，「なぜ140年間も政権をとっていたのか。」という問いが生まれた。

深める問い　なぜ，鎌倉幕府は140年間も続いたのだろう。

⇒　深める問いを追究するための資料として，頼朝が亡くなった後，政治を行ってい
た北条政子の言葉を資料として提示した。そこから，もし，自分が鎌倉幕府に仕え
る御家人であったら，幕府を守るために戦うか考えさせたところ，「自分の領地を
守ってくれている幕府のために戦う。」「御恩と奉公の約束があるから戦う。」とい
う意見が多く，「御家人と幕府とは御恩と奉公の強い結びつきがあった。」というま
とめへとつながっていった。

まとめ　鎌倉幕府は頼朝がなくなっても，御恩と奉公の関係で結ばれていて，御家人がは
たらいたため，140年間も続いた。

《4時間目　元との戦い》

学習問題　**元との戦いの結果はどうなったのだろう。**

授業後の掲示物

　　＊元との戦いの様子の絵図から，元との戦いについて考える。

　　⇒　まず，元軍と戦う竹崎季長の絵図から見えるものを交流し，元軍の戦い方が御家人の戦い方と違っている様子を読み取った。苦戦を強いられていたが，何とか2度の元の襲来をはねのけ，鎌倉幕府が勝利をおさめたことをおさえた。その上で，鎌倉幕府はそれから50年後にたおされてしまったことを伝えると，子どもたちから「勝ったのに，なぜ？」という疑問が出てきた。

深める問い　**元との戦いに勝ったのに，どうして幕府は滅びてしまったのだろう。**

　　⇒　深める問いを追究するための資料として，竹崎季長が幕府にほうびをもとめる絵図を提示し，さらに考えを深めるために竹崎がほうびを求める様子をまとめたビデオクリップを見せて考えさせた。多くの御家人がほうびをもえらなかったことから，自分が御家人であったら…と考えさせると，すべての子どもたちが「約束が違う。」「ずるい。」「命がけで働いたのに。」と幕府への不満を口にし，幕府への不満が高まり，御恩と奉公の結びつきが崩れたことが要因であるということに気付き，自分のまとめへとつなげていくことができた。

まとめ　御家人たちは命がけで戦ったがほうびをもらえず，御家人たちの不満が高まり，御恩と奉公の関係がくずれて，幕府がたおされた。

※　「まとめる」の活動では，5時間目のふりかえりで，鎌倉時代を学習して自分で調べたい人物を設定して人物調べを行った。

キーワードをもとにまとめを促す

1 成果

① 　まず，前回の研修で課題としてあがった「授業開始後 20 分以内に『深める問い』を発する。」について検証する。前時に「元との戦いの結果はどうなったのだろう。」という問いを作ったことで，子どもたちの多くは予習してきていた。調べればすぐわかる「問い」である。問いの答えは，２度あった元との戦いは鎌倉幕府の勝利であった。そこで，福本陽子先生は，元軍と戦う竹崎季長の絵図を提示し，何とか２度の元の襲来をはねのけ，鎌倉幕府が勝利をおさめたことをおさえた。ここまでは予習していた子どもたちも納得の表情であった。ここで，間髪入れず，鎌倉幕府はそれから 50 年後にたおされてしまったことを伝えると，子どもたちから「勝ったのに，なぜ？」という疑問が出てきた。ここまで授業開始後 18 分であった。残り 27 分かけて本時の「元に勝ったのに，鎌倉幕府がたおされたのはなぜだろう。」という問いについて子どもたちはじっくりと学ぶことができた。授業後，福本陽子先生からも，「１つの学習問題の追究で終わるのではなく，さらに深める問いを考えていくことで，子どもたちは『もっと知りたい！』と資料を読み取りながら，深く考えようとする姿勢が見られるようになった。また，進んで予習に取り組む子どもが増えたことも大きな成果であった。」とふりかえっていることから授業開始後 20 分以内に「深める問い」を発する効果を感じ取ることができた。

② 　中心となる思考場面に板書の３分の２をあてる

　　下の写真（板書から見えてきた中心となる思考場面の変容）に注目してほしい。

　　６年の授業実践のように，話し合いを通して，対話的な学習となるようにし，授業の後半部分を中心となる思考場面に当てるよう心がけたところ，板書や学習ノートの構成にも良い影響を及ぼした。具体的には，中心となる思考場面を板書や学習ノートの紙面の３分の２を当てるように変化してきた。それだけ「深める問い」を意識した授業展開がなされてきた証といえる。

6/26　６年「武士による政治のはじまり」の板書　　　　▼中心となる思考場面が板書の３分の２に変化

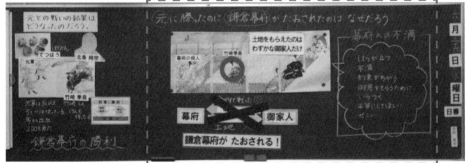

板書から見えてきた中心となる思考場面の変容

③　学びのあしあとづくり

　6年公開授業に向けて，下図のように単元を通した「学びのあしあとづくり」に取り組んだ。子どもたちも前時や前々時の既習事項などを確認したり，問いに対して考えたことを確認したりするのに役立てていた。

　「学びのあしあとづくり」があることで，既習事項の確認と比較，分析，総合，関連付けのためのよい資料となることから研究会に向けてどのクラスも作成していくことで共通理解できた。

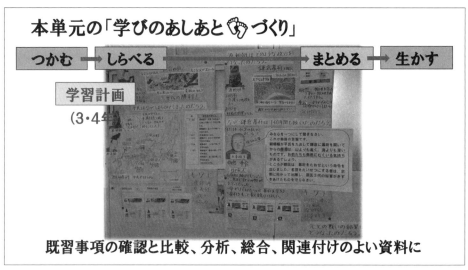

学びのあしあとづくり　6年実践「武士による政治のはじまり」

　福本実践（6年）によってもたらされたこれら3つの成果が大きな手応えとなり，「これならいけるぞ。」という全職員の気持ちを鼓舞したことは想像に難くない。大きな転換点であった。

2　課題

●これらの3つの成果を11月1日の研究会の授業にどう反映させ，取り入れていくのかという課題が明確となった。

5

「板書型授業構想モデル」で研究授業をイメージする

　令和元年11月1日の研究会の授業にむけて，板書型授業構想モデルを用い，板書を組み立てるがごとく，全教職員が目ざす授業づくりのイメージを共有化した試みである。前段（Before）が7月24日夏季校内研修会段階での「板書型授業構想モデル」であり，後段（After）は研究会直前の「板書型授業構想モデル」で研究会当日の授業をイメージしたものである。比較すると，大きな違いが見えてくる。

（1）3年　板書型授業構想モデル

Before	中心となる思考場面が黒板の2分の1のスペースの板書

3年地域教材として

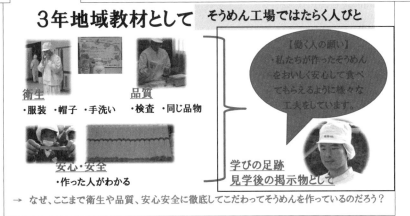

→　なぜ、ここまで衛生や品質、安心安全に徹底してこだわってそうめんを作っているのだろう？

After	中心となる思考場面が黒板の3分の2のスペースの板書

3年地域教材として

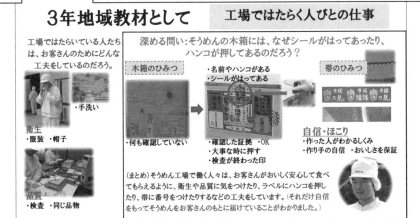

→　「深める問い」を生み出す資料が明確となった。

3年は，7月24日段階では，「深める問い」を生み出すための資料が決まっていなかった。そうめんの里へ出かけたり，揖保乃糸素麺組合より資料を取り寄せたりした。再度，そうめん工場の濱田さんに取材をお願いするなど教材研究を積み重ねた結果，木箱に刻印が押してあることや素麺を束ねてある帯の番号に着目することで，「深める問い」が定まった。

　そして，本番の授業では「働く人の願いに迫る」ことに重点を置くことにした。

（2）4年　板書型授業構想モデル

 Before ── 中心となる思考場面が黒板の2分の1のスペースの板書

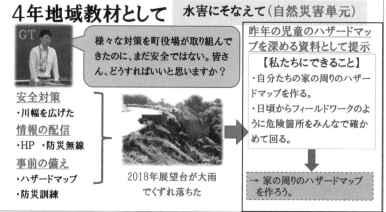

 After ── 中心となる思考場面が黒板の3分の2のスペースの板書

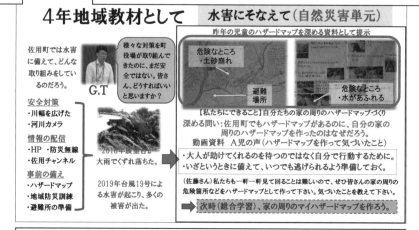

　→　昨年，4年生だった子どものハザードマップを取り上げることでゴールのイメージができた。

　4年は，7月24日段階では，中心となる思考場面が1単位時間の板書の3分の2のスペースを占めるまでになっておらず，「深める問い」も定まっていなかった。そこで，昨年度，4年生だったA児が作成したマイ・ハザードマップを中心資料とすることで，一気に「深める問

い」が決まり，ゴールのイメージが持てた。同時に，前年度からの課題であったゲストティーチャーの役割も明確となった。展開前半に子どもたちへ問いを投げかけてもらうことで，当事者意識をもたせることにした。

(3) 5年　板書型授業構想モデル

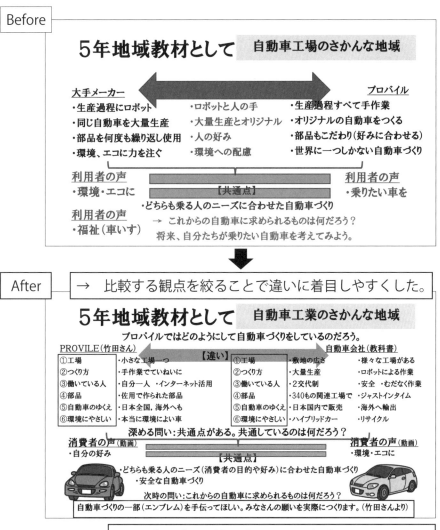

5年は，本種知加先生が地元にあるカスタマイズカーを製造する工場が掲載された自動車関連の雑誌を職員室に持ってきて，職員室で話題になったことから，当初，教科書中心の構想から地域教材を組み合わせた構想へと大きくシフト変換した。7月24日段階ではまだ地元でカスタマイズカーを製造するプロバイル竹田さんに取材ができていなかったため，予想の範囲で板書型授業構想モデルを作成していたが，9月から10月にかけてしっかり取材を積み重ねる

ことで，板書型授業構想モデルが完成するに至った。また，「自動車づくりの一部（エンブレム）を子どもたちに手伝ってもらいたい。」という竹田さんの提案もあり，授業づくりが加速していった。

（4）6年　板書型授業構想モデル

Before

After

→　地域教材（宿場町平福と因幡街道）を取り入れた歴史学習として生み出した。

　6年の授業づくりが最も難航した。研究授業として公開する場面が二転三転するなど大きく変わっていった。

　7月24日段階では，鳥取池田藩の参勤交代から宿場町平福が栄えていたことを学ぶ授業場面を想定していた。しかし，深めるための根拠となる資料が十分そろわず，構想はふりだしに戻り，別の場面を研究授業として構想し直すことにした。そこで，ヒントになったのが当時，

自治会長をされていた平福ボランティアガイドである春名政男さんたちが平福の町おこしのために研究されていた「屋号」であった。

　教科書教材「五街道と江戸文化」では，五街道が整備されたことで，人と物の交流が盛んとなり，五街道沿いの宿場町が栄え，江戸の文化が全国各地に伝搬したという内容構成となっている。

　それを地方に目を向けることで適用できないか検討した。調べてみると，江戸時代には地方の街道の一つである因幡街道が整備され，人と物の交流が盛んとなり，宿場町平福が因幡街道随一の宿場町として栄えた。ちょうどその頃に宿場町平福にも松尾芭蕉の弟子たちによる普及活動とともに俳句の文化が伝わり，根付いたことがわかった。

　教科書教材に，どう地域教材を組み合わせるのかという課題に取り組むことにした。

因幡街道（槍倒しの松の写真）

屋号「水泥屋（みどろや）」のお話を聞く

平福の家屋には今も俳句の文化が至る所に根付いている

6

教科書教材と地域教材の組み合わせで「深い学び」を創り出す

　ここに，利神小学校の研究を象徴している写真が
1枚ある。研究会前の模擬授業の描写である。夜遅
い時間帯にも関わらず，地域の皆さんが学校まで何
度も足を運んでいただき，ともに授業づくりを考え
ている様子が映し出されている。子どもの「深い学
び」は，教師の深い教材研究にあるといっても過言
ではない。利神小学校の特色として，家庭・地域を
巻き込んで，まさに OneTeam となって教材研究を
愉しんで取り組めたことが挙げられる。その取り組

地域の方と夜遅くまで教材研究

みが実を結び，「深い学び」へとつながっていった。子どもにとって身近な地域の事象を学ぶ
ことは，子どもの関心・意欲を高めるだけでなく，地域を愛し，地域に関心を持ち続けようと
する意欲を高めることに有効である。地域とともにある学校づくりにも大きく寄与している。

ふくろう寺（光明寺）での取材活動

　左の写真は，6年生の子どもたちがふくろう寺と
呼ばれている光明寺の住職から寺に掲げられてい
る俳諧について取材している様子である。「足でか
せぐ」取材活動は子どもたちの主体的で対話的な学
びに欠かせない。

　これらの写真からもわかるように，本校では，社
会科における「深い学び」を創り出すためにこだわ
りぬいたことがある。「生きた資料」を活用したい
という思いである。

　「生きた資料」とは言うまでもなく，地域にある教育資源を教材化することを意味する。地
域教材を通して，子どもたちに，①地域をよく見る目，②地域をよく探る目を育てたいと考え
た。その際，地域教材をより効果的なものとするためには，もう一工夫しなければいけないこ
とに気付いた。

　それが，「教科書教材と地域教材の組み合わせ」である。

　しかし，組み合わせれば，必ずしも「深い学び」につながるとはいえないのも事実である。
どのように教科書教材と地域教材を組み合わせるかが最大のポイントであることが研究を進め
ていく中でわかった。次ページ以降に最適な組み合わせ方を図解しながら述べる。ここで示す
割合の数値はあくまでも経験値に基づくものであることを申し添えておく。

（1）3年　工場ではたらく人びとの仕事

> 地域教材（7割）　＋　教科書教材（3割）　＝　深い学び

　使用している教科書では，姫路市にあるヤマサ蒲鉾株式会社のかまぼこ工場を扱っている。本校から車で約1時間ほどのところにかまぼこ工場があるので，校外学習として出向くこともできるのだが，子どもが何度も工場に行って調べることは難しい。そこで，教科書教材は，調べ方やまとめ方などの学び方のモデルとしての位置付けとした。

　地域教材として取り上げた「工場」とは，地域にある「そうめん工場（揖保乃糸）」を指す。地域にある工場だと，子どもたちが見学に行きやすいので，何度も調べることができる。調べる対象に関われば関わるほど，子どもの思考も深まっていく。ただ，調べ方やまとめ方などの「学び方」はしっかりと教科書で学ぶ必要がある。学年の教科目標に沿ったものでなければ，世の中の事実や現象，その背景にある働く人の願いなど見えなかった世界を見ることはできないからだ。

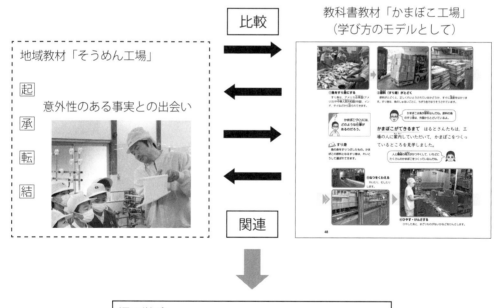

深い学び
　　そうめん工場で働く人のそうめんづくりへの思い
　　働く人の内面に迫る

※実際の授業展開等に関する詳細については，73〜80ページをご覧いただきたい。

　○「地域は教室」，「地域は先生」という考え方である。
　○教科書教材は，学び方のモデルとしての位置付けとする。

---

(2) 4年　水害を乗り越えて

| 総合 （＋α） ＋ 地域教材 （6割） ＋ 教科書教材 （4割） ＝ 深い学び |

　目標を明確にした体験活動は子どもの思考を活性化させ，実感を伴った理解につながる。その際，体験を言葉で表すことが大切で，次に類似した社会的事象と出会ったときの類推する力の育成にも役立つ。そういう意味において，総合的な学習の時間とうまく組み合わせることは効果的である。自らの目と耳と足などをフルに使った防災フィールドワークによって明らかになった事実を兵庫県立大学の学生らのアドバイスを適宜取り入れながら交流し合うことで，その背景にある社会の仕組みを明らかにすることが可能となる組み合わせといえる。

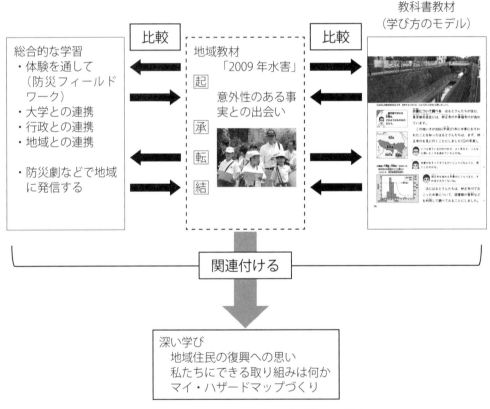

※実際の授業展開等に関する詳細については，81〜87ページをご覧いただきたい。

○「地域は教室」「地域は先生」という考え方である。
○教科書教材は，学び方のモデルとしての位置付けとする。
○総合的な学習を生かし，体験活動で子どもの思考を活性化させる。

（3）5年　自動車工業のさかんな地域

$$\boxed{\text{教科書教材}}（8割）\times\boxed{\text{地域教材}}（2割）=\boxed{\text{深い学び}}$$

　教科書教材をしっかり学べば学ぶほど，後半の深めたい場面で地域教材を組み込むことで化学反応を起こしたかのように相乗効果を生み，「深い学び」を創り出すことができる。本事例でいえば，工場数・生産過程・部品・つくり方などの観点をもとに教科書に掲載されている大手自動車企業からは「大量生産」というキーワードが出てくる。

　地元にあるプロバイルという工場からは「少量生産」というキーワードが出てくる。それらを比較・分析し，関連付けることで，モノづくりに携わっている人の願いに迫ることができる。

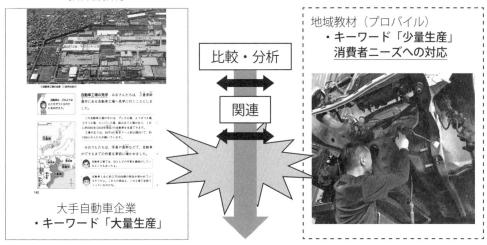

※実際の授業展開等に関する詳細については，88〜95ページをご覧いただきたい。

○「地域は世界への入り口」という考え方である。
○教科書教材をしっかり学ぶことで，比較に値するよい地域教材を組み合わせたときに相乗効果を起こすことができる。

$$(\boxed{\text{教科書教材}}\text{（8割）}+\boxed{\text{地域教材}}\text{（2割））}\times\boxed{\text{総合}}=\boxed{\text{深い学び}}$$

　地域にある教育資源は数多くあるが，なかなか学習指導要領に示されているような歴史学習のねらいに沿った教材はそう多くない。ましてや単元すべてを地域教材で学習することは困難であるが，単元の一部で地域教材（地域の歴史資源）を効果的に扱うことは可能である。本事例は，「五街道と江戸文化」で学んだ内容構成を地方街道である因幡街道と宿場町平福に適用（応用）するように取り組んだ授業づくりである。つまり，教科書教材の地域教材への適用を図るというスタイルを考えた。

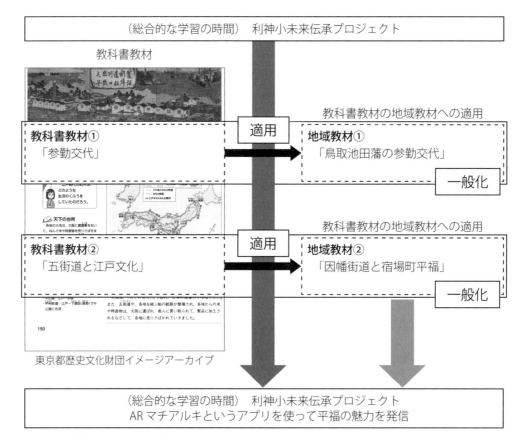

※実際の授業展開等に関する詳細については，96〜103ページをご覧いただきたい。

- ○「地域は過去・現在・未来への入り口」という考え方である。
- ○教科書教材を地域教材に適用（応用）させることで，子どもたちに歴史は過去の話ではなく，現在の問題やこれから近い将来に起こりうる問題として考えることができるという考え方に立つ。

7

社会科の学びを生かす取り組み

（1）「利神小未来伝承プロジェクト」の取り組み（6年）
指導者：尾崎貴之，春名由有子

　本校では，社会科だけの学びに終わらせず，総合的な学習の時間で社会科の学びを生かす取り組みに重点を置いている。子どもの「社会の仕組みが『わかる』」を「社会の仕組みに『関わる』」までに高めていくことが，子どものより深い学びにつながると考えているからである。

　平成29年度より6年生は，歴史を学んだあとに，地域のボランティアガイドの春名政男さんと宿場町「平福」の町を歩き，ARマチアルキというアプリを利用して，「ふるさと利神」を発信している。

　ARマチアルキアプリは，スマートフォン

春名さんと6年生の子どもたち（上，下）

やタブレットをかざすと，子どもが作成した説明が浮かび上がる仕組みになっている。

　平成30年度は，6年生がパンフレット（左図）を手作りで作成し，地域住民や保護者，宿場町「平福」を訪れた観光客に「ふるさと利神」のよさを発信した。まちに残る史跡や古い建物など15か所を地域の方から学び，詳しく調べ，まとめたものをARマチアルキアプリという最新のAR技術で加工し，新しい情報として発信することにした。

手作りのパンフレット

完成した AR マチアルキアプリを使って地
域の方に発信する発表会では，「AR マチアル
キを使って平福のまちを散策しませんか？」
をテーマにして呼びかけた。子どもの手によ
る平福再発見の取り組みであり，社会の仕組
みに「関わる」取り組みである。地域と学校
が連携・協働し，「利神小未来伝承プロジェ
クト」として社会科の学びを生かしたこの取
り組みは地元の新聞にも大きく取り上げら
れ，広く地域に知れわたることとなった。

AR マチアルキ発表会の様子（上，左，右）

(2)「防災劇」の取り組み（4年）　指導者：柳響子，筱由美子

　平成 28 年度に初めて「防災フィールドワーク」を実施したときの防災学習のまとめとして
「防災劇」に取り組んだ。
　66 ページの「(2) 4年『水害を乗り越えて』」でも述べたが，利神小学校の特色として社会
科を中心とし，総合的な学習の時間をうまく活用していることがあげられる。
　まず，総合的な学習の時間に，平成 21 年台風第 9 号災害で被害にあわれた地域の方 2 名に

水害の怖さを語るゲストティーチャーとその話を聞き入る子どもたち

ゲストティーチャーとしてお話を聞かせて
いただいた。

　ゲストティーチャー2名と一緒に当時
大きな被害のあった平福のまちへ「防災
フィールドワーク」として出かけた。お話
を聞くだけでなく，自分の目と耳と心で確
かめることができ，まさに実感の伴った学
習となった。

　続いて，水害当時小学5年生であった利
神小学校の先輩2名（地元高校生）に来校
してもらい，当時作成した学習新聞を見せ
てもらったり，当時の心境を詩に表した思
いを聞かせてもらったりした。子どもたち
にとっては，自分たちと同じ目線に立った
事実や思いを聞くことができ，「この水害
の教訓を忘れてはならない。」という強い
思いを抱くことができた。

　そこで，子どもたちは，これまで学んだ
ことを「防災劇」として発信したいと考え
た。

防災フィールドワークの様子

当時，小学5年生で被災した高校生の説明

　セリフの台本づくりは総合的な学習の時間を，小道具は図画工作の時間を，劇の中で歌う合
唱の練習は音楽の時間などをうまく利用し，「防災劇」を完成させた。

　お世話になったゲストティーチャーの方をはじめ，保護者の方に「防災劇」を見ていただい
た。台本の中には，佐用町の水害のことについて学んできたことはもちろん，「大雨の時，土
のにおいがしたり，山がゴーゴーなどと音をたてたりしたら，山くずれのおそれがあるので，
ひなんする。」など子どもたちが祖父母をはじめとする地域の方から聞き取った代々この地域

佐用町観光キャラクター，
「おさよん」と子ども

防災劇の様子

に伝わっている山崩れに対する教訓なども上手に盛り込んでいた。

「防災劇」の様子は，地元ケーブルテレビ「さようチャンネル」のコーナーで放映していただいた。また，町の広報にも掲載していただくなど，広く地域に発信するところとなった。

防災学習を通して，子どもたちは，災害はいつ，どこでおこるかわからないけれど，常に，「自分の命は自分で守る」

劇の最後に「大切なふるさと」を歌う子どもたち

ことを心に刻んだ。そして，「助け合うこと，支え合うことの大切さ」を学んだと結んでいる。

劇の最後に子どもたちが歌った歌「大切なふるさと」の歌詞を紹介する。

> ♪　今年も夏が来て　ひまわりの花が咲く
> 　　　　めぐる季節が　いのち育み　鮮やかに輝く
> ♪　いつまでも　いつまでも　あなたの笑顔　忘れまい
> 　　　　いつまでも　いつまでも　大切なふるさと

「この水害の教訓を忘れてはならない。」という子どもたちの強い思いは叶ったといえる。最終的には，「防災フィールドワーク」や「防災劇」の取り組みを小冊子にまとめ，お世話になったゲストティーチャーの方をはじめ各家庭に配布し，本実践のまとめとした。

NAGATA's eye!

永田's eye 〜成果と課題〜

1　成果

　この章でみてきたように，利神小学校が社会科学習で目ざしたものを一言で言い表すならば，まさに，令和2年度から全面実施された学習指導要領の理念である「社会に開かれた教育課程」そのものといえる。それは，利神小学校の全職員が共通の問いをもって真摯に研究に向き合ってきた成果であり，子どもたちの学びに具現化されている。第4章では利神小学校における社会科の授業づくりの到達点として，令和元年11月1日に開催された中・西播磨地区小学校社会科教育研究大会での授業実践の実際が明らかにされる。利神小学校の先生方による社会科授業研究の成果と子どもたちの学びの事実と実際に注目いただきたい。

4

「視点」の意識化と「問い」の質の向上を目ざした社会科の授業づくりの到達点

元佐用町立利神小学校校長　**桑田隆男**

1

[3年] 工場ではたらく人びとの仕事
～地域教材だからこそ「深い学び」につながる～

1　授業の実際

　3年生の授業では，地域教材として校区にあるそうめん工場を取り上げ，利神小ひまわりモデル（19ページ参照）をもとに忠実に単元を構成するとともに，「深い学び」へと誘う7つのしかけづくりを意識して授業づくりに取り組んだ。また，「授業の流れ＝板書＝学習ノート」を一体化することで，子どもたちにもわかりやすい授業構成を心がけた。

（1）「働く人の願いに迫る」授業づくり

　研究会本番の授業（第7時）でこだわったことは，そうめんの木箱に刻印が押してあることやそうめんを束ねる帯に印刷された番号に着目したことである。そこから「働く人の願いに迫る」授業づくりに重点を置いて教材研究を深めることにした。そこで，「深い学び」へと誘うしかけの一つである「見えるもの」から「見えなかったもの」が見えるモデル化で教材を分析した。76ページの教材分析図のとおり，「作り手の願い」である「安全に気をつけ，安心しておいしいそうめんを消費者のもとに届けているという『揖保乃糸』の作り手としての自信と誇り」に気付かせることを授業のねらいとした。

（2）「視点」と「深める問い」

　ねらいに迫るために，第7時の「視点」は，「関係軸」である「工夫」，「努力」，「願い」とし，「深める問い」を「そうめんの木箱には，なぜシールがはってあったり，ハンコが押してあるのだろう。」とした。

（3）意外性のある事実（資料）と出会わせる

　「視点」と「問い」をもたせるために，「刻印やシールがない木箱（Before）」と「刻印やシールが貼ってある木箱（After）」の資料提示を行うことで，「なぜ，ハンコが押してあるのかな。」「なぜ，シールが貼ってあるのかな。」など調べてみたいという意欲を喚起し，深く考えられる

第7時の展開　指導者：堂本ひさみ，達見龍彦

学習活動と予想される児童の反応	指導上の留意点　◎評価	資料
1　前時までの学習をふりかえり，本時の学習問題を確認する。 　工場ではたらいている人たちは，どんなことに気をつけているのだろう。 　○Aさん（生産者）の工場ではたらいている人たちはどんな様子でしたか。 　・青やピンクの服を着ていた。 　・帽子をかぶっていた。 　○ほかにどんな工夫を見つけましたか。 　・手をとてもきれいに洗っていた。 　・細かくていねいにそうめんをはかっていた。	・学習計画で設定した問いを提示し，本時の学習の見通しを持たせる。 ・見学をしたときに気付いたことを働く人に視点を当てて自由に述べさせる。 ・見学ノートをもとに工場の人の話を思い起こさせ，見学では見えなかったところでも安全や衛生面に配慮していたことに気付かせる。 ・スーパーマーケットの学習を想起させ，食品を扱うときには衛生に十分気をつけていたことを思い出させる。	・工場見学時の写真 ・服装 ・検品の様子
（深める問い）そうめんの木箱には，なぜシールがはってあったり，ハンコが押してあるのだろう。		
2　資料をもとに深く考え話し合う。 　○工場ではたらいている人たちは，なぜこんなに手間がかかることをしているのでしょう。 　・清潔な服装等　→　衛生 　・検品　　　　　→　安全な製品 　○そうめんの木箱を見て気が付いたことを発表しましょう。 　・ラベルが昔の感じがする。 　・名前が書いてある。 　・シールみたいなものが貼ってある。 　・ハンコが押してある。 　○ハンコや名前は何のためについているのでしょう。 　・つくった人がわかるように。 　・つくった人がわかると安心だから。 　・自信を持ってつくっている。 　○そうめんをくくっている帯のひみつを見つけよう。 　・「揖保乃糸」と書いてある。 　・ばらばらにならないようにしている。 　・何か数字が書いてある。 　・この数字は何かを表しているようだ。 　・つくった人のしるしかな。 　○つくり手がこのようなことを大事にしていることで，お客さんにとってどんないいことがあるのかを考えましょう。 　・つくり手がわかると，安心して食べられる。 　・「揖保乃糸」と書いてあるだけでおいしいそうめんだと信用できる。	・衛生や品質など難しい言葉は説明する。 ・自分が見つけたことから，働く人びとの工夫を読み取らせる。考えにくい児童には助言する。 ・そうめんの木箱を用意し，児童に見せて自由に考えさせ，服装以外にも工夫があることに気付かせる。 ・そうめんの木箱に書いてある生産者の住所氏名や印，検査の印などから，これらは何のためにしてあるのかを考えさせる。 ・印を押す場面を想起させ，大事な物に印を押すことから，きちんとつくられて検査された安全な製品であることを保証するものであることを押さえる。さらに，「揖保乃糸」として自信を持って出荷しているというつくり手の気持ちにも気付かせる。 ・本物のそうめんを用意し，児童がそうめんの帯をはずして調べさせることで，帯の裏の番号に気付かせる。複数のそうめんの帯をはずして，その番号が同じであることを確認させる。 ・数字は何を表しているかを考え，友だちと話し合わせる。 ・そうめんの帯は工場の責任と自信の表れだということを確認する。 ・このようなこだわりがあることにより，自分たち消費者にとっていいことは何だろうと考えさせ，友だちと話し合わせる。 ・「揖保乃糸」ブランドの信用力や生産者の誇りに気付かせる。	・そうめん『揖保乃糸』の木箱のラベルの写真 ・そうめんの帯
3　Aさん（生産者）のメッセージを聞く。	・Aさん（生産者）のそうめんづくりのこだわりや誇りを知らせる。	・Aさんのメッセージ
4　今日の学習をふりかえり，わかったことを書きましょう。 　○今日の学習のキーワードを考えよう。 　【キーワード】えい生，品しつ 　○キーワードを使って，今日の学習をまとめましょう。 ・そうめん工場ではたらく人びとは，お客さんがおいしく安心して食べられるように，えい生や品しつに気を付けたり，ラベルにハンコを押したり，帯に番号をつけたりするなどの工夫をしている。	・キーワードを板書の中から見つけた場合は丸で囲み，新しい言葉が出てきた場合は板書する。 ・文章が書きにくい児童には，「そうめん工場で働く人びとは…」の書き出しから書くことを助言する。 ・つくり手のこだわりや誇りについて記述している児童がいれば，発表させることで深い理解へとつなげたい。 ◎そうめん工場で働く人びとが，安全や衛生面に細心の注意を払い，徹底した品質管理をするなどの工夫をして，自信を持ってそうめんをつくっていることが理解できたか。	
5　次時の学習問題を確認する。	・次時の学習に向けて意欲を高める。	

074

小単元「工場ではたらく人びとの仕事」〈問いの構成表〉

	時	内容	キーワード	ねらい	◎「視点」☆「問い」
つかむ	1	佐用町の工場でつくられているもの	特産品 工業製品 工場	自分たちの町の工場では，どんなものがつくられているのかを話し合い，生産されている製品に関心をもつことができる。	◎地域，役割 ☆佐用町の工場では，どんなものがつくられているのだろう。
	2	そうめん工場を調べる（学習計画）		そうめんについて知っていることを出し合い，そうめん工場の見学の計画を立てることができる。	☆そうめん工場を調べるにはどうしたらいいだろう。
単元を貫く学習問題		（学習問題）そうめんは，どのようにしてつくられ，店にとどけられるのだろう。			
しらべる	3・4	しらべる1 そうめん工場の見学	安全 衛生 品質 工夫	そうめん工場で働く人びとが，安全や衛生面に注意しながら，品質のよいそうめんづくりのため，さまざまな工夫をしながら働いていることに気付くことができる。	◎工夫，努力 ☆そうめんづくりには，どんな仕事があるのだろう。
	5	しらべる2 そうめんができるまで	製造工程 工夫	そうめんの原料がどこから運ばれているか調べ，そうめんができるまでの工程を工場見学をふりかえり理解することができる。	◎仕組み ☆そうめんの原料はどこからやってくるのだろう。
	6	しらべる3 西播磨のそうめん工場	水 小麦 塩 気候	西播磨にそうめん工場が多い理由や利点（自然条件や地理的要因）を地図などの資料を活用しながら調べ，理解することができる。	◎地理的位置，自然条件，歴史，つながり ☆どうして西播磨にそうめん工場がたくさんあるのだろう。 ◎「視点」
	7（本時）	しらべる4 はたらく人びとの仕事を調べる	キーワード 衛生 品質	そうめん工場で働いている人々が，安全や衛生面に細心の注意を払っていることや，そうめん「揖保乃糸」にこだわりと誇りをもってそうめんづくりをしていることを理解することができる。	◎工夫，努力，願い ☆工場で働いている人びとは，お客さんのためにどんなくふうをしているのだろう。 ☆「問い」
	8	しらべる5 そうめんの旅	出荷 全国 外国	そうめんを消費者の元へ運ぶための工夫や販売の拡大の努力，出荷（輸出）先を調べ，そうめん工場は，そうめんをとおして他地域や外国と結びついていることを理解することができる。	◎つながり，仕組み ☆工場でつくられたそうめんはどこへ運ばれていくのだろう。
まとめる	9・10	ふりかえりシートにまとめよう	各自でキーワードを設定する	これまでの学習をふりかえり，そうめん工場では消費者のことを考え，安全で品質のよい食品をつくるために工夫していることや，日本各地や外国ともつながっていることを理解し，白地図にまとめることができる。	◎工夫，つながり ☆そうめん工場の工夫についてふりかえりシートにまとめよう。
結論		（結論） そうめん工場では，お客さんが安心して食べられる安全な製品をつくるために，衛生に気を付けて徹底した品質管理をしている。また，原料の仕入れや製品の出荷をとおして他地域や外国と広くつながっている。			
生かす	11	わたしたちにできること	品質 安心・安全 食べ方 宣伝	学習したことを生かして，手延べそうめん「揖保乃糸」を他地域（外国）に発信するためにはどうしたらよいかを考える。	◎工夫，願い ☆そうめん「揖保乃糸」を世界中に宣伝しよう。
考え		（考え） 全国でも有名なそうめん「揖保乃糸」の工場が校区内にあり，安全や衛生面に注意し，良い品質の信頼できるおいしいそうめんをつくり続けていることを知り，国内や世界の人びとにもっと知ってもらうために自分たちで伝える取り組みをしていきたい。			

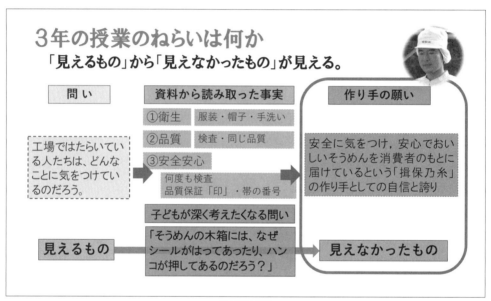

教材分析図

よう工夫した。

　さらに，そうめんを束ねている帯にも着目させた。子どもたちは帯の裏に番号が印刷されていることを発見し，驚いた。そして，「なぜ，番号がついているのだろう。」とつぶやいた。みんなで考えていくうちに，そうめん工場で働く人びとは，お客さんがおいしく安心して食べられるように，衛生や品質に気を付けるだけでなく，ラベルを貼ったり，ハンコを押したり，帯

刻印を見つけたことを発表する

に番号を印刷するなどの工夫をしていることに気が付いた。子どもたちは，そのことからそれだけ自信をもって商品としてのそうめんを出荷していることを理解することができた。また，そのことをそうめん工場の作り手が「ほこりをもって」と表現していることを手紙で知った。

意外性のある事実（資料）との出会い
Before → After の資料提示
問いを生み出す工夫（資料の比較）

比較

●問いを生み出す工夫　　　　視点：「工夫・努力、願い」

「そうめんの木箱には、なぜシールをはったり、ハンコが押してあるのだろう。」

→子どもから引き出す指導　→子どもたちの疑問？をつなぐ指導

そうめんの木箱の比較

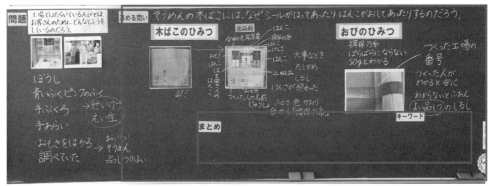

第7時「工場ではたらく人びとの仕事」の板書

（4）　板書の工夫……深めたい思考場面に板書の3
　　分の2を当てる

　授業開始より20分以内に「深める問い」を発する
ことで，深めたい思考場面にじっくり時間をかける
ことに関しては，板書にも効果が表れている。3年
生の公開授業の実際の板書においても深めたい思考
場面に板書の3分の2を当てることができているこ
とからも，その効果があらわれている。

帯の裏には生産者番号が記載

　ただし，板書にはあえて「まとめ」を書かないことで共通理解をしている。広島大学の永田忠
道先生からの助言であるが，教師がまとめを書いてしまうと，それを写すだけの子どももいるの
で，深く考えさせるために，授業で見つけたキーワードを使って自分の言葉でまとめるように指導
している。

（5）「本時のまとめ」はキーワードを使ってまとめる

　A児の学習ノートより「本時のまとめ」を拾いあげてみよう。

> （A児のまとめ）　工場ではたらく人びとはお客さんのために，ぼう子や手ぶくろをつけて
> えい生 に気をつけたり，木ばこにはんことシールをはって よい品しつ に気をつけてい
> る。ほこりをもってそうめんを作っている。

　第3章でもふれたが，授業者である堂本ひさみ先生は，学習指導案の展開後段の「本時のまとめ」として「授業を通して期待する姿」を以下のように記述している。

> （教師が授業を通して期待する姿）　そうめん工場ではたらく人びとは，お客さんがおいし
> く安心して食べられるように，えい生や品しつに気をつけたり，ラベルにハンコを押した
> り，帯に番号をつけたりするなどの工夫をしている。

　2つの記述を比較すると，「子ども自身が願う姿」と「教師が授業を通して期待する姿」の記述がほぼ一致していることがわかる。そして，特筆すべきことは，A児が書いた最後の一文（下線：筆者による）「ほこりをもってそうめんを作っている。」である。授業におけるキーワードは，板書や学習ノートからわかるように えい生 と よい品しつ であった。子どもたちはその2つのキーワードを使って「本時のまとめ」を書いた。A児は作り手の願いである ほこり というキーワードを付け加えてまとめている。目標を実現する子どもの姿として評価したい。

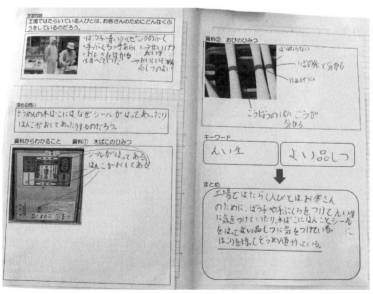

A児の書いたノート

（6）「問い」を構成することで学びの連続性を高める

「視点」と「問い」を意識することで，社会的事象のもつ意味を構造的にとらえることができるようになると考え，「問いの構成表」を作成した。

75 ページをご覧いただきたい。「問いの構成表」の見方を記している。①単元を貫く学習問題，②結論，③考えという 3 つの柱を軸にして，「視点」と「問い」を表記することで，「そうめん工場ではたらく人びとの仕事」の内容構成を構造的に表している。

（7）　授業の下支えとしての日々の取り組み

①　社会科特有の難解な言葉の指導

社会科の授業では，社会科特有の難解な言葉が多く使用されている。3 年生の教科書においても，例えば，「品質」や「賞味期限」など，たくさんの難解な言葉がみられる。右の写真のように，堂本ひさみ先生は，日々の授業の中で，一つ一つの言葉を丁寧におさえ，理解させるために学習ノートを使って学ばせている。

②　体験的な活動を取り入れる

作り手の願いに迫りやすくするよう，見学など体験的に学ばせることを大切にしている。実際に，そうめんをさわってみないと麺のしっとりした感じやにおい，細さなど質感がわからない。子どもたちの中から「なぜ，こんなに細くするのだろう。」など，つぶやきが出ていた。この活動が問いへとつながる素地づくりとなった。

難解な言葉の意味をノートにまとめる

そうめん工場の見学

そうめんをさわることで，その細さを実感する　このそうめんは，見学用のそうめんのため，商品として使用されない。

　第8時において，そうめんを外国へ出荷しているという事実と出会った子どもは，「なぜ，外国にそうめんを出荷しているのだろう。」という新たな問いをもち，発展的な学習（生かす：第11時）へと展開した。

　国語科で同時期にローマ字を習ったこともあり，ローマ字を用いて外国の方にも揖保乃糸のおいしさを伝える内容のパンフレットづくりに励んだ。B児のパンフレットを紹介してまとめとしたい。

子どもたちがつくったパンフレット

「世界レベルのそうめん　いぼの糸」
　てのべそうめんのいぼの糸は，たくさんの工ていがあります。昔はきぞくのような人しか食べられなかったけれど，今はみんな食べれます。いぼの糸は，赤こうのしお，きれいないぼ川の水と小麦こをつかって作られています。けんさしどう員がしっかりチェックして合かくしたものがいぼの糸とみとめられて安心・安全に食べられます。

2

4年 水害にそなえて
～平成21年台風第9号災害に学ぶ～

1 授業の実際

（1）「視点」と「問い」を追究する授業づくり

佐用町では，平成21年8月に大きな水害がおこり，甚大な被害が出た。しかし，4年生の子どもたちの多くは，佐用町での水害を実際には経験していないことから，当時の災害の様子について「大変そうだと思った。」「自分の家の近くに川がなくてよかった。」など他人事のようにとらえている子どもも少なからずいた。これまでも佐用町では水害の教訓を生かし，各学校で水害にそなえて防災学習を推し進めてきたが，子どもの実態を踏まえ，4年生の自然災害を扱った新単元として開発することにした。

視点として，「空間軸」に着目したところ，「地形」「気候」「範囲」「自然条件」から「なぜ，平福でこのような水害が起きたのだろう。」「水害が引き起こされた原因は何だろう。」という問いが引き出された。

また，「関係軸」に着目すると，「工夫」「努力」「願い」「連携」「対策・事業」「共生」「安全」の視点から，「どうすればこのような水害が起きたとき，被害を最小限に抑えることができるのだろう。」という問いも生まれた。

さらに，「時間軸」にも着目し，過去の水害を調べ，未来につなげるという取り組みにもつながった。これらの問いを結び付け，学習を展開させた。

（2）深い学びへと誘うしかけづくり

① 防災フィールドワーク

まず，地域の語り部の方（ゲストティーチャー，以下GT）や兵庫県立大学の先生，学生らとともに，防災フィールドワークを行い，水害の被害が大きかった校区（平福地区）の被害状況を調べ，実際に見て回った。地域の語り部の方から説明を受け，佐用町ハザードマップに気付いたことを書き留めた。

その後，学校に戻り，それぞれが書き留めた付箋を整理することで，被害が大きくなった原因を探ることができた。

これらの活動をとおして子どもたちは，水害の恐ろしさを実感として理解することができた。

防災フィールドワークの様子

第6時の展開　指導者：大部慎之佑

学習活動と予想される児童の反応	指導上の留意点　◎評価	資料
1　学習計画に沿って設定した問いを確認する。 佐用町では，水害にそなえてどのような取り組みをしているのだろう。	・学習計画に沿って設定した問いを提示し，本時の学習に対して見通しを持たせる。	
2　ゲストティーチャーから佐用町で進める防災の取り組みについての話を聞く。 ○佐用町役場企画防災課の佐藤さんのお話を聞きましょう。 ○私たち役場の人たちの取り組みだけでは，災害へのそなえは，まだ十分とは言えません。皆さんは，どうしたらよいと思いますか。 ・分かりません。 ・役場の人が無理なら難しいと思います。 ・自分たちにできるそなえをしなければならないと思います。	・佐用町役場の方に，佐用町が進める防災の取り組みについて，安全対策，情報の発信，事前のそなえという3つの観点でまとめて説明をしていただき，佐用町の水害対策についての理解を深める。 ・役場の方から平成30年に大雨で展望台が崩れ落ちたことを児童に伝えていただくことで，役場の取り組み（対策）だけでは十分とはいえず，まだ安心はできないという点を押さえる。	・GTの説明 ・大雨で崩れ落ちた展望台の写真
3　役場の方の「そなえを十分にするにはどうすればよいか。」という児童への問いかけを受けて，昨年度4年生が作成したマイ・ハザードマップを提示する。 ○この資料を見て気付いたことを発表しましょう。 ・延吉にある川や山がのっています。 ・家の近くの危ない場所が紹介されています。 ・ハザードマップだと思います。	・役場の方からの問いかけに困惑する児童に対し，教師が昨年度4年生が作成したマイ・ハザードマップを資料として提示することで，児童の思考を促す一助にする。 ・資料にある地図や写真が自分たちの住んでいる地域であることや，山や川などの危険な場所が示されていることを読み取らせた上で，この資料がA児の家の周りのハザードマップであることに気付かせる。	・昨年度の4年生が作成したハザードマップ
4　A児が自分でマイ・ハザードマップを作った理由を考える。	・佐用町ハザードマップがあるにも関わらず，A児がマイ・ハザードマップを作成した理由について問いかけることで，本時の深める問いを導く。	
（深める問い）佐用町ハザードマップがあるのに，自分の家の周りのマイ・ハザードマップを作ったのはなぜだろう。		
5　マイ・ハザードマップを作成したA児へのインタビュー動画を視聴する。 ○Aさんは，どのような思いでこのハザードマップを作ったのでしょう。 ・大雨が降ったときに自分の家が安全かどうか心配だ。 ・自分の家の周りに危ない場所はないだろうか。 ・台風や大雨のとき，自分はどうすればいいのだろう。 ○Aさんは，ハザードマップを作ってみて，どのようなことに気付いたと言っていましたか。 ・家の近くに危険な場所がたくさんあると初めて知った。 ・大雨が降ると危険な場所があるので，早めに避難をしなければいけない。	・インタビュー動画からA児がどのような思いを持ってハザードマップを作成したのか，またハザードマップを作成して新しく気付いたことは何かということを読み取らせ，マイ・ハザードマップを作ることの意義を理解させる。 ・危険な場所，安全のための行動，誰と協力して作ったかなど，資料や動画から読み取ったことを板書に観点ごとに整理する。	・A児へのインタビュー動画
6　佐用町役場の方から，自分の家の周りを調べて，マイ・ハザードマップを作るという児童の取り組みについての話を聞く。	・役場の方から，マイ・ハザードマップを作ることは，役場の人ではできない重要な取り組みであることを伝えていただくことで，各自が行動して水害にそなえるのだという児童の当事者意識を高めさせる。	
7　学習をふりかえり，まとめをする。 ○今日の学習のキーワードは何でしょう。 【キーワード】 　事前のそなえ　自分の命を守る 　マイ・ハザードマップ ○キーワードを使ってまとめましょう。	・本時の学習で出てきた言葉からキーワードを設定し，本時のまとめへとつなげる。	
・佐用町では，災害が起こったときの被害を少なくするために，事前のそなえをしている。 ・自分の命を守るために，マイ・ハザードマップを作り，いざというときにすぐ行動できるようにそなえておくことが大切だ。	◎佐用町が自然災害にそなえてさまざまな取り組みを行っていることが理解できたか。また，自然災害にそなえるために自分たちができる取り組みとして，マイ・ハザードマップを作成することの意義を理解することができたか。	

小単元「水害にそなえて」〈問いの構成表〉

	時	内容	キーワード	ねらい	◎「視点」☆「問い」
つかむ	1	平成21年に発生した佐用町の水害について	佐用町の水害 大きな被害 水害に対するそなえ	平成21年の佐用町の水害を題材として，水害の恐ろしさに気付き，大雨災害にそなえる取り組みについて関心を持つことができる。	◎気候，自然条件 ☆大雨による水害で，佐用町は，どのような被害を受けたのだろう。
	2	防災フィールドワーク《総合》	水害の様子 危険な場所 安全のための行動	台風第9号によって起こった水害の様子や危険な場所，安全のためにとるべき行動などについて理解することができる。	◎気候，自然条件 ☆水害によって自分たちの住む地域では，どのような被害を受けたのだろう。
	3	これから進めていく学習の計画を立てる。（学習計画）		前時までの学習内容をふまえ，これからの学習の見通しを持つことができる。	
単元を貫く学習問題				（学習問題）水害にそなえて，自分たちの地域では，どのような取り組みがされているのだろう。	
しらべる	4	そのとき，わたしのまちでは	自衛隊 ボランティア 協力体制	台風第9号による水害が発生した際に行われた佐用町での取り組みについて調べ，関係機関の役割やその協力体制についてまとめることができる。	◎つながり，関わり，協力 ☆水害が起こったとき，だれが，どのような活動を行ったのだろう。
	5	学校や家族の取り組みを知ろう	避難訓練 避難所 防災グッズ	学校にあるそなえや家族が行っている水害への取り組みについて調べ，自然災害に対し，学校や家族がどのようなそなえをしているかを理解することができる。	◎対策，努力 ☆学校や自分の家族は，水害にそなえてどのような取り組みをしているのだろう。
	6（本時）	佐用町の水害対策と自分たちにできること（本時）	事前のそなえ 自分の命を守る ハザードマップ	佐用町役場の人の話を聞き，佐用の水害対策について理解するとともに，自分たちができるそなえとして，ハザードマップを作成することの意義を理解することができる。	◎対策，役割 ☆佐用町ハザードマップがあるのに，自分の家の周りのマイ・ハザードマップを作ったのはなぜだろう。
まとめる	7	防災新聞を作る	各自でキーワードを設定する	これまでの学習で学んだことを防災新聞としてまとめることができる。	◎対策，役割 ☆水害にそなえて自分たちができることは何だろう。
結論				（結論）　佐用町は，平成21年に起こった水害で大きな被害を受けたが，水害が起こった直後から，自衛隊やボランティアなどさまざまな機関と協力体制を組み，水害からの復興に取り組んだ。そして，佐用町では，水害による被害を少なくするために，役場や学校，家庭において，水害に対する事前のそなえを行っている。	
生かす	総合・課外	マイ・ハザードマップを作ろう《総合》	各自でキーワードを設定する	自分の家の周りの危険箇所や避難ルートを調べ，いざという時にそなえてマイ・ハザードマップにまとめることができる。	◎地形，気候 ☆自分の家の周りには，どのような危険箇所があり，どのように避難すればよいのだろう。
考え				（考え）　自分の家の周りには，今までは気付かなかった危険な場所があった。水害から自分の身を守るためには，そのような場所について事前に知っておき，いざというときには，すぐに行動できるようにしておきたい。	

ゲストティーチャーの活用場面とねらい

導入場面　児童から意欲や問いを引き出す

展開前半　児童の思考を促す

展開後半　本時のまとめにつなげる

終末場面　次時の活動意欲や次時の問いにつなげる

NG　展開全般（GTに質問に答えてもらう場面が多い）
　→　GTの豊富な知識の伝達となり、児童は受け身になりやすい

本時のゲストティチャーの位置付け

② 　ゲストティーチャー活用場面の工夫

　　本時の学習展開では，最後に企画防災課職員（GT）のお話を聞いて終わるのではなく，最初に企画防災課職員のお話を聞く展開とした。町役場のさまざまな防災への取り

防災フィールドワークのふりかえり

組みを聞いた後，役場職員から「私たち町役場もさまざまな防災への取り組みをしていますが，昨年度も大雨で展望台が崩れ落ちました。災害へのそなえはまだ十分とは言えません。また，今年の台風19号のような大きな台風がこの佐用町を襲ったときには甚大な被害が出ることが予想されます。皆さんはどうしたらよいと思いますか。」と問いかけていただいた。子どもたちは驚きの表情を見せ，「自分たちは本当に大丈夫なのかな。」と真剣な眼差しで考え始めた。まさに自分事として学ぶ必要性を感じたようである。

　　この絶妙のタイミングで，授業者である大部慎之佑先生が昨年度，４年生だったＡ児のマイ・ハザードマップを資料として提示した。困惑気味であった子どもたちは，Ａ児のマイ・ハザードマップの地図や写真から自分たちの住んでいる地域であることや山や

第6時の板書（思考の中心場面より）

川などの危険な場所が示されていることを読み取った上で，この資料がA児の家の周りのハザードマップであることに気付いた。子どもたちのなかから，「佐用町ハザードマップがあるのに，なぜA児は自分の家の周りのマイ・ハザードマップを作ったのだろう。」というつぶやきが出た。

大部先生は，そのつぶやきを取り上げ，「A児はどのような思いで，このマイ・ハザードマップを作ったのだろう。」と子どもたちに問いかけた。

危険な場所，安全のための行動，誰と協力して作ったかなど資料や動画から子どもたちが読み取ったことを板書に観点ごとに整理した後で，企画防災課職員から，マイ・ハザードマップを作ることは役場の職員ではできない重要な取り組みであることを伝えていただき，各自が行動して水害に備えるのだという子どもの当事者意識を高めることができた。

授業後の感想を見ると，B児は，「佐用町ハザードマップでは自分の家の近くがくわしくは分からないので，マイ・ハザードマップを作って，自分の家の近くのあぶない所やひなん所を調べて，いざというときにほかの人達を助けてひなんできるようにしたい。」と書いていた。つまり，B児は，町が進める災害対策について理解するとともに，これらの取り組みだけでは災害から自分の命を守るためには十分とは言えず，いざというときには自らが命を守る行動を起こすという必要性に気付くことができたといえる。

③　マイ・ハザードマップづくり

本校では，社会科だけの学びに終わらせず，社会科の学びを生かす取り組みに重点を置いている。子どもの「わかる」を「できる」に高めていくことが，深い学びにつながると考えているからである。

単元の終末（学習の成果を生かす）場面においては，自分の住む家の周りを家族と一緒に実際に見て回り，マイ・ハザードマップを作成することで，自分事として水害に備えるとともに，今，自分たちができることを考えるきっかけとした。

再度，企画防災課職員を招き，各自の作成したマイ・ハザードマップをもとにそれぞれが気付いたことを発表し，交流し合った。

（3）　深い学びを評価する　～Ｂ児の学びを考える～

　Ｂ児が作成したマイ・ハザードマップを見てみると，危険箇所として三箇所を挙げている。「①砂防ダムは，土砂でいっぱいになっている。次に大雨がふったら土砂があふれるかのうせいがある。」「②平成21年の水害いこう山くずれがそのままになっている。」「③大雨がふったら山から水があふれてきてあぶない。」と記述している。あわせて一時避難所の確認も行っている。さらに，まとめとして，「奥長谷は一本道のため山くずれが起きると，こ立してしまう。」と記していた。

　この記述からＢ児は，自然災害を自分の身近で起こりうる危険なものとして認識し，自らも地域社会の一員として家族や地域の人々と協力し，災害に備える取り組みを進めていこうとする意識を高めていることが見て取れる。

Ｂ児のマイ・ハザードマップ

2　4年実践をふりかえる

　本実践では，Ｂ児の事例から子どもたちが地域の語り部の方や企画防災課職員と何度も関わり合いながら学ぶことで，「自分が水害（学びの対象）とどう関わっていくのか。」という学習者から生活者への学びへとシフトを変えることができた。いわゆる自分事として学ぶことができたといえる。このように学んだことをもとに自らの生活を見つめたり，社会生活で生かしたりすること，学んだこ

佐用町企画防災課職員によるハザードマップのお話

とが子どもたちの生き方につながっていくことが重要である。

　平成21年台風第9号災害（水害）をどう受け止め，そこから何を学び，これからどう生かしていくのか。子どもたちの生活者としての今後の学びが楽しみである。

3　研究成果が町内4小学校に広まる

　マイ・ハザードマップの取り組みが評価され，令和3年度版の社会科副読本「わたしたちのまち郷土佐用町」に新たに取り上げられることになった。

　これまでも佐用町内においては，佐用町企画防災課と連携し，防災学習に力を注いできた。しかし，今回のマイ・ハザードマップの取り組みで，子どもたちがいざというときには素早く避難することができ，自分の命を守ることにつながる（自助）ことが広く認知されたことは大きな成果である。

　こうして利神小の研究成果が佐用町内の4小学校に広まることとなった。

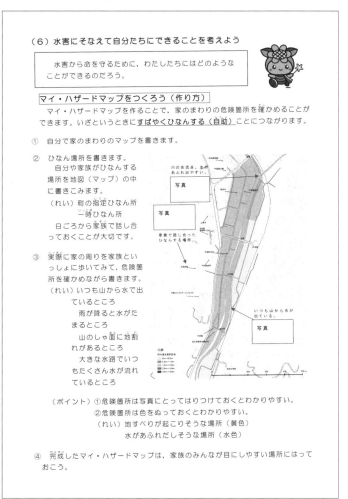

副読本で取り上げられたマイ・ハザードマップ

3

5年 自動車工業のさかんな地域
～エンブレムに込められた車づくりへの思い～

1 授業の実際

（1） キーワードは「少量生産」

　教科書教材と比較に値するよい地域教材を組み合わせたときに相乗効果を起こし，「深い学び」を創り出すことができる。

　本事例でいえば，工場数・生産過程・部品・つくり方などの観点をもとに教科書に掲載されている大手自動車企業からは「大量生産」というキーワードが出てくる。

　また，カスタマイズカー（市販状態の自動車に改造を加えた車両のこと）の製作，自動車の販売などを行う地元企業プロバイルからは「少量生産」というキーワードが出てくる。それらを比較・分析し，関連付け，共通点を見いだすことで，「ものづくりに携わっている人びとの願い」に迫ることができると考え，単元を構成した。

地元企業プロバイルの竹田さんが働く様子

（2） 「視点」と「問い」を追究するために

　第9時の授業では，「視点」として，「関係軸」である「願い」「つながり」「多様性」とし，「深める問い」を「2つの会社の自動車づくりに共通しているのは何でしょう。」とした。

2つの自動車会社の比較・分析

（3） ポイントは教科書教材

　教科書教材をどれだけしっかりと学習できたかどうかが第9時の授業を大きく左右するため，1時間1時間の目標を明確にし，しっかりと学ぶ必要があった。

　第5時の「本時のまとめ」から，A児は，「自動車工場で働く人びとは，早朝から昼すぎまでの約8時間か，昼すぎから夜中までの約8時間のどちらかで働く2交代せいになっている。そして，1週間ごとに朝と夜の勤務を交代しています。2時間ごとに1回休けいがある。」ことを理解していることがわかる。

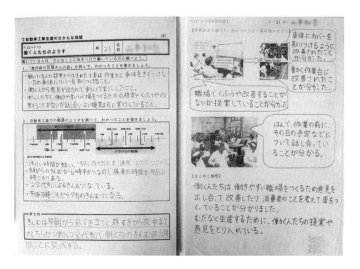

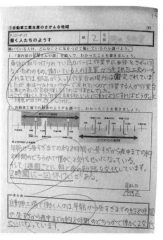

A児（上）とB児（左）の学習ノート（第5時：自動車工場で働く人たちのようす）

また，B児は，「働く人たちは，働きやすい職場をつくるために意見を出し合って改善したり，消費者のことを考えて車を作っていることが分かりました。むだなく生産するために，働く人たちの提案や意見を取り入れている。」ことを理解していることがわかる。このように，毎時間の確かな理解（学び）が第9時の授業づくりの基盤となった。

（4）　消費者のニーズに合わせたよりよい自動車づくりに気付かせる

　地域の方とのつながりもあり，5年生の社会科の授業で自動車の生産に関してお話してもらうために，地元企業プロバイルの竹田拓朗さんを講師としてお招きした。近年の主流である大量生産に対し，少量の受注生産はどのような特徴があり，どのようなメリットやデメリットがあるのかについてお話してもらったのが事の始まりである。

　実際の授業の中では，地元で消費者のニーズに合わせたカスタマイズカーづくりに取り組んでおられる自動車工場プロバイルの竹田さんから部品や作業工程の写真を見せていただいたり，話を聞かせていただいたりする活動をとおして，大手自動車会社の自動車づくりと「6つの観点（①工場，②つくり方，③働く人，④部品，⑤自動車のゆくえ，⑥環境・人にやさしい）」ごとに比較した。比較の「観点」を明確にし，結果を表に整理することで，共通点を見

第９時の展開　指導者：樫本尚美，本種知加

学習活動と予想される児童の反応	指導上の留意点　◎評価	資料
1　前時に設定した問いを確認する。	・後で聞く「プロバイル」竹田さんの話と比較がしやすいように，前時の学びの足跡（大手自動車会社の自動車づくりの特徴）を掲示しておく。	・前時までの学びの足跡（掲示物）
「プロバイル」では，どのようにして自動車づくりをしているのだろうか。		
2　「プロバイル」竹田さんのお話を聞いて，自動車会社の自動車づくりと比べる。 ○「プロバイル」竹田さんは，どのような自動車づくりをしておられるのだろう。自動車会社と比べながら聞こう。 ①工場　　　　　小さい工場一つ ②つくり方　　　手作業でていねいに ③働く人　　　　自分一人，インターネットを活用 ④部品　　　　　佐用で作られた部品 ⑤自動車のゆくえ　日本全国，海外へも ⑥環境・人にやさしい　本当に環境によい車・安全性の高い車を	・「プロバイル」竹田さんの話を，観点毎にまとめ，前時までに学習した大手自動車会社での自動車づくりと比較する。 ・大手自動車会社ができないような面でお客さんのニーズに応えたいという強い思いや，環境面での宣伝や広告を鵜呑みにせず，本当にそうなのかどうか，常に問い続ける大人になって欲しいというメッセージを伝えていただく。	・G．T．（「プロバイル」竹田さん） ・最近作られた自動車（実物）と部品 ・写真資料（工場，自動車）
（深める問い）２つの会社の自動車づくりには，共通点があります。共通していることは何でしょう。		
3　自動車会社と「プロバイル」竹田さんが自動車づくりにおいて，共通している点はどんなことか，それぞれのお客さんの声を動画で聞くことにより考える。 ○大手自動車会社のお客さんの声を聞いて，自動車づくりのポイントを探ろう。 ・環境にやさしいハイブリッドカー ・燃費のよい車 ・騒音が出ない車 ・安全性の高い車 ○「プロバイル」のお客さんの声を聞いて，自動車づくりにおけるポイントを探ろう。 ・世界に一台の車 ・他にない色やデザインの車 ・他の誰も乗っていないかっこよい車 ・細部にこだわった，安全な車 ○それぞれのお客さんの声を聞いて，両方の自動車づくりにおける共通点は何だと思いますか。 ・どちらも安全に運転できる車をつくっている点が共通している。 ・他にはあまりないような車にしたいという点で共通している。 ・世の中の変化に合わせた車を作ろうとしている点が似ている。 ・どちらも，一人一人のお客さんが乗りたいという車をつくろうとしている点が共通している。	・自動車会社と「プロバイル」で自動車を購入した人の動画を紹介し，生の声を比較することにより，消費者のニーズは一人一人違っていて，多様化していることに気付かせ，それを踏まえた共通点は何かと考えさせる。 ・多様化した消費者一人一人のニーズに丁寧に応えるような自動車づくりをされていることに気付かせ，そのような自動車づくりが求められる社会と時代になってきていることをおさえたい。 ・安全に乗れるという点が共通点として捉えられやすいと思うが，それ以外にもあると切り返すことで，再度考えさせ，「自分の目的や好みに合った車に乗りたい」という「消費者の願いに応えよう」としている点が共通していることに気付かせる。	・自動車会社の消費者の声（動画） ・「プロバイル」の消費者の声（動画）
4　学習をふりかえり，まとめをする。 ○本時のキーワードを考えましょう。 自動車づくり　消費者　ニーズ ○深める問いに対する答えを「キーワード」を使った文にまとめましょう。 自動車会社も，「プロバイル」の竹田さんも，自動車づくりにたずさわる人は，どちらも消費者のニーズに合わせてよりよい自動車をつくろうと工夫や努力をされている点が共通している。	・本時の学習をふりかえって，「キーワード」を見つけて線を引くことで，「キーワード」を意識したまとめにつなげる。 ・まとめの文が書き難い児童には，書き始めの言葉を提示しておいたり，（　）の中に言葉を書き込むことでまとめの文を完成させたりするようなヒントカードをいくつか用意しておき，児童の実態に応じて支援する。 ◎どちらも，消費者のニーズに合わせた自動車づくりのために工夫や努力をされていることが理解できたか。	・ヒントカード
5　次時の課題を確認する。 ○最後に，「プロバイル」の竹田さんから提案があります。 「10年後，どんな車に乗りたいかよく考えてみんなで話し合ってみてください。そして，『利神小5年生オリジナルカー』につけたいエンブレムをみんなでデザインしてください。利神小らしさがアピールできるエンブレムならば，次に大阪で開催されるイベントに出展する自動車のデザインとして採用します。」	・みんなの思いを出し合って，10年後に乗りたい車を考えようという意欲を持たせるとともに，「利神小学校らしさをアピールするエンブレムを考えられたら，イベントに出展する車に採用する」という声をかけていただくことで，消費者一人一人の声を聞き，一人一人のニーズに合わせた自動車づくりをされている竹田さんの心意気を実感するとともに，次時へ期待を持たせて終わりたい。	・エンブレムの見本

小単元「自動車工業のさかんな地域」〈問いの構成表〉

	時	内容	キーワード	ねらい	◎「視点」☆「問い」
つかむ	1	わたしたちのくらしと自動車	機械工業 自動車 交通事故	自動車が果たしている役割や自動車に関する問題について，関心を深めることができる。	◎役割 ☆自動車は，私たちの暮らしにとって，どのような工業製品といえるのだろう。
単元を貫く学習問題		（学習問題）わたしたちのくらしにかかせない自動車は，どのように生産されているのだろう。			
しらべる	2	自動車工場のようす	自動車工場 広い敷地 部品	自動車工場は，広い場所を利用して，さまざまな工場に分かれていることを読み取ることができる。	◎働き，仕組み ☆自動車は，どんなところでつくられているのだろう。
	3・4	自動車ができるまで	ベルトコンベヤー 流れ作業 ロボット	組み立て工場などの資料などから，自動車の生産は，流れ作業による分業と，働く人たちと作業ロボットによって大量に生産できるようになっていることを読み取ることができる。	◎仕組み ☆自動車は，どのようにつくられているのだろう。
	5	自動車工場で働く人たちのようす	2交代制 関連工場 安全	働く人の様子から，効率的に生産するために働く人たちが作業内容について見直しを図り工夫していることや，工場では働く人たちが働きやすいように勤務時間や作業環境に配慮していることを理解することができる。	◎工夫，努力 ☆工場で働いている人はどんなことに気を付けて働いているのだろう。
	6	自動車工場を支える関連工場	関連工場 部品（作用の部品） ジャスト・イン・タイム	関連工場の様子を調べ，関連工場が効率的な仕組みのもとで，部品を自動車工場へ供給することで，品質が高く，無駄のない生産が実現していることを考えることができる。	◎つながり，地理的位置 ☆自動車の部品は，どこでつくられているのだろう。
	7	自動車のゆくえ	キャリアカー 自動車専用船 輸出	日本の自動車会社は，自動車を日本で生産するだけでなく，海外の工場でも生産していることを，資料などから読み取ることができる。	◎つながり，連携 ☆つくられた自動車は，どのようにして消費者のもとに届けられるのだろう。
	8	環境にやさしい自動車づくり	電気自動車 ハイブリッドカー 環境	ハイブリッドカーの出荷台数のグラフから，環境にやさしい自動車や部品の開発や環境に配慮した工場などの取り組みから，持続可能な工業のあり方について考えを深めることができる。	◎環境，努力 ☆どうして「ハイブリッドカー」の人気が高いのだろう。
	9（本時）	社会の変化や消費者に合わせた自動車づくり	消費者の目的（好み） 交通事故 安全性	大手自動車会社と「プロバイル」の竹田さんの自動車づくりを比較することで，どちらも消費者の好みやニーズに合わせた自動車を作るために工夫・努力をしていることを理解することができる。	◎願い，多様性，つながり ☆自動車づくりに携わる人には，どのような共通点があるのだろう。
まとめる	10	これからの自動車づくり（1）	各班でキーワードを設定する。	これからの自動車づくりについて，どんなことが求められているかを，「プロバイル」の竹田さんのお話をもとに，既習資料や写真を使って考え，発表し，班の友だちと深めたり，広げたりすることができる。	◎環境，工夫，願い ☆これからは，どんな工夫をした自動車が求められているのだろう。
結論		（結論）　日本の自動車工業は，国民生活の維持・向上を図り，わたしたちの生活を支えるために重要な役割を果たしている。また，自動車工業に従事している人々が社会の変化と消費者の需要に応えて，環境に配慮しながら優れた製品を生産しようと協力したり，安全性を高めるための技術を磨いたり，研究開発の努力を重ねたりすることにより，発展している。			
生かす	11	これからの自動車づくり（2）	各自でキーワードを設定する。	これからの自動車づくりについて，社会の変化と消費者の多様なニーズを考えて，10年後に乗りたい「利神小5年オリジナル自動車」の設計図とエンブレムをクラスのみんなでデザインし，「プロバイル」の竹田さんに提案することができる。	◎環境，工夫，願い ☆10年後，社会の変化に合わせて，どんな工夫をした自動車が求められているのだろう。
考え		（考え）　10年後は，社会の変化に合わせて，環境や安全に配慮し，人にやさしくデザイン的にも優れた物が求められる等，一層多様化しているであろう消費者一人一人の目的や好みに合わせた自動車づくりが求められると考えられる。			

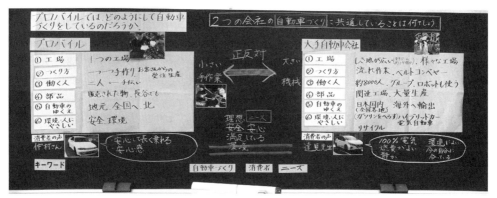

2つの自動車会社を比較・分析し，関連付ける板書（第9時）

いだしやすいと考えた。

　はじめは相違点ばかりが気になる子どもたちであったが，ここで，授業者である樫本尚美先生が「深める問い」として，「2つの会社の自動車づくりに共通しているのは何でしょう。」と発問した。子どもたちは驚いたように，「共通点ってあるのかな。」とつぶやいたが，必死に考え始めた。すかさず，樫本先生が，大手自動車会社のEV車を愛用している達見先生とプロバイルでカスタマイズカーを作り愛用しているCさんが消費者のニーズについて語っている動画を視聴させた。2つの動画視聴を通して，子どもたちに，作り手の「消費者一人一人の多様なニーズに応えたい。」という共通の願いへ目を向けさせることができた。

　終末の第9時において，社会の変化と消費者の目的や好みは多種多様であることを意識させた上で，未来の消費者として，10年後は「どのような自動車が求められているか。」について話し合わせた。その上で，子どもたちが乗りたい「利神小5年オリジナル自動車」にどんなエンブレムをつけたいのかを話し合ってデザインし，プロバイルの竹田さんに提案することになった。

　授業後にD児が自動車新聞としてまとめたものを紹介する。

　D児は，授業をとおして，作り手の「消費者一人一人の多様なニーズに応えたい。」という共通の願いに気付いたことがわかる。

　また，参観者からは，「5年生の授業を参観させ

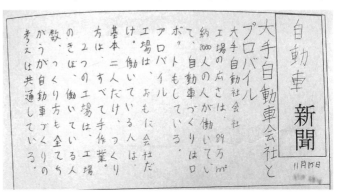

D児のつくった新聞の一部

ていただきました。資料作成（動画・インタビュー）やGTとの打ち合わせなど本日まで大変な苦労があったと思います。廊下側のCさんたちのペアの話し合いは，よくやりとりをしていて考えを広げることができていました。達見先生の登場と竹田さんの依頼の話での子どもの表情の輝きが良かったです。」とのコメントをいただいた。

（1）　きっかけは社会科の授業づくり

　子どもたちは，プロバイルの竹田さんの提案を受け，早速，エンブレムのデザインに取りかかった。

　竹田さんからは，「実際に自動車のパーツを生産し，少量生産がどのようなものかを知ってもらいたかった。」ことや，「実体験で知ってもらうために，目に見えてわかりやすいものが良いなと感じたので，オリジナル・エンブレム生産を子どもたちに提案した。」と話をされた。

　そこで，樫本尚美先生は，右のワークシートに各自が利神小5年生らしさを表したオリジナル・エンブレムを考えるよう促した。出来上がった21人全員のデザイン原案を竹田さんに提出し，その結果，E児のデザインが採用された。エンブレム・デザインの原案者E児によると，「21RIKANの由来は，21人の利神小5年生という意味で，このマーク（校章）があることで利神小が生活の中に常に存在すると思った。」からこのデザイン画を描いたという。子どもたちの思いがこのように形となって実現したことに大きな意味がある。

　オリジナル・エンブレムは，「R 21 エンブレム」と名付けられ，車両名も「with 利神小R 21」としてくださるなど竹田さんからの粋な計らいもあった。

　学校や社会科の授業で色々な知識を子どもたちが身に付けていくことは大事だが，「知ることは感じることの半分も重要ではない。」という考え方もある。利神小の子どもたちにとって，今回のエンブレムのデザインや竹田さんの車づくりにふれることで，車づくり・ものづくりの楽しさや素晴らしさ，大変さや困難などを少しでも感じてくれたことはまさに財産といえる。

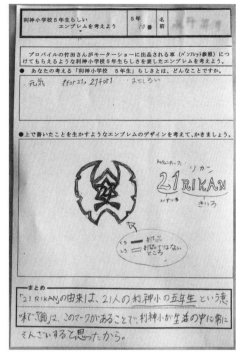

E児のエンブレムデザイン原案

完成した5年生が考えたR 21 エンブレム

（２）　エンブレム生産にかかるコストのお話

　竹田さんから実際に生産するので，生産時にかかったコストなどを子どもたちに報告することで，少量生産の理解を深めたいとの申し出があり，特別授業として再び教壇に立っていただいた。竹田さ

竹田さんによる特別授業の様子

んのお話によると，「今回，生産したオリジナル・エンブレムはいわば一品物です。大量生産している一般的な自動車のエンブレムは数千円程度ですが，このオリジナル・エンブレムはその数倍かかります。」と具体的に金額を示された。

　さらに，竹田さんは，子どもたちの目を見ながら話を続けられた。「オリジナル・エンブレムのデザインは皆さんから募ってその中から決定しました。利神小の校章をモチーフに，エンブレム生産に携わった21人を表現して『R 21』と描きました。」閉校となる母校の校章をモチーフとしたエンブレムとして残すことで，世界に1台のカスタマイズカー「with 利神小R 21」が完成した。その光輝く姿を子どもたちはいつまでも嬉しそうに見入っていた。

　こうして，竹田さんが子どもたちに少量生産について熱心に教えてくださった特別授業は余韻を残して終えることとなった。

（３）　大阪オートメッセ 2020 に展示

　令和元年2月14日（金）〜16日（日）に大阪オートメッセ2020が開催され，プロバイルのブースには，5年生の考えたエンブレムが取り付けられた自動車が展示された。会場には多くの来場があったが，その中に5年生のF児の姿があっ

展示された「with 利神小R 21」

た。F児に尋ねると，母に連れてきてもらったという。自分たちが考えたオリジナル・エンブレム「R 21 エンブレム」が装着された「with 利神小R 21」をぜひ一目見ようとかけつけた

というから嬉しい。

　展示されたオリジナル・エンブレムを取り付け，世界に一台しかない少量生産の自動車として誕生した「with 利神小 R 21」を見つめる親子。その姿に微笑みかける竹田さんの姿。間違いなく F 児にとっては思い出の 1 台となったことだろう。これからも「with 利神小 R 21」は，閉校となった母校への子どもたちの思いと思い出を背負いながら走り続けていくにちがいない。

　子どもたちの母校である利神小も，その存在が無くなりはしても，そこで紡がれた日々や気持ちはつながり続けていくことを，竹田さんの車づくり・ものづくりをとおして，今後も子どもたちに継承されていくことを期待したい。

4

6年 宿場町平福と因幡街道
～「通史」と「地域史」をつなぐ授業づくり～

1 授業の実際

（1）「地域」と「民衆」に力点をおいた授業づくり

昨年度の授業研究会で課題であった「全国」「地方」「大名」「民衆」の4つの視点（右図参照）をどう構成するかを検討した結果，研究会本番の授業は「地域」と「民衆」に力点をおくことにした。

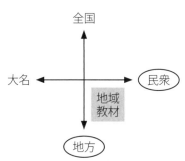

歴史の授業づくりの4つの視点

早速，当時自治会長をされており，ボランティアガイドも務められていた春名政男さんに講師として平福の町についてお話を聞かせていただいた。

春名さんは，冒頭で，「大原夜出て　釜坂越えて　華の平福　朝駆けに」という歌を子どもたちに紹介された。

江戸時代に宿場町であった平福は，300もの家が立ち並び，240軒もの店があったという。因幡街道沿いには「槍倒しの松」と呼ばれる松が生い茂っていたそうだ。江戸時代には，鳥取池田藩の参勤交代が行われたことで，因幡街道の整備が進み，平福も「華の平福」と歌われるくらい街道随一の宿場町として栄えていたことや，江戸や大坂から離れた平福にも人やものが行き来することで江戸や大坂の文化が広まり，まちが発展したことを春名さんからお聞きした。そこで，「通史」と「地域史」をつなぐ授業づくりに取り組むことにした。

地域において史跡などは数多くあるが，なかなか学習指導要領に示されているような歴史学習のねらいに合う教材はそう多くない。また，単元すべてを地域教材で学習することは難しい。しかし，春名さんの子どもたちへ伝えたい思いを何とか授業として成立させるために，第5時「五街

春名政男さんから宿場町平福の様子を聞く

道と江戸文化」で学んだ内容構成を第6時「宿場町平福と因幡街道（地方街道）」に応用・転移できるように2単位時間を組み合わせることで授業を構成した。つまり，第5時の教科書教材で学んだ見方や考え方を使って，第6時の地域教材へ適用を図ることで，授業をとおして，子どもたちが獲得した知識や見方・考え方を応用・転移する力を育成することをねらった。

第6時の展開　指導者：福本陽子

学習活動と予想される児童の反応	指導上の留意点　◎評価	資料
1　前時に設定した問いを確認する。 　鳥取藩は参勤交代で，どうやって江戸まで行ったのだろう。	・前時に鳥取藩の参勤交代の様子を見せ，五街道がつながっていない鳥取からどのように江戸まで行ったのか問いを設定しておく。	・参勤交代図屏風の絵
2　鳥取藩の参勤交代の様子について話し合う。 　○資料から見えることを発表しましょう。 　・1172人もの人が行列に参加していた。 　・1回の参勤交代で約2億円も使っていた。 　・宿場町に立ち寄ったときには2000円近くのお金を使っていた。 　・江戸に行くまでに21か所に宿泊している。 　・平福には2日目に宿泊している。 　・五街道ではないところを通っている。	・資料から，大名が宿泊した場所を地図に記載していき，鳥取から姫路までが因幡街道，姫路から山陽道，西国街道，京街道を通って東海道へと進んでいることをつかませる。 ・五街道だけではなく，地方にもさまざまな街道が整備されていたことに気付かせ，平福には因幡街道が通っていたことをおさえる。 ・因幡街道が通る平福は，大名が宿泊する宿場町であったことをおさえる。	・鳥取藩の参勤交代の行程や経費等についての表 ・地図
3　因幡街道の様子について話し合う。 　○因幡街道についての説明から読み取ったことを話し合いましょう。 　・町には約300軒もの家が並んでいた。 　・240軒のお店があった。 　・平福は因幡街道随一のにぎやかな宿場町だった。	・既習の学習の掲示を利用して，五街道が通る江戸や大坂は町人が力を持ち，町が賑わっていたことをふりかえらせ，地方の街道沿いの町の様子がどうだったかを考えさせる。 ・「因幡街道」の提灯を提示し，ＡＲマチアルキを反応させて昨年の6年生が作成した因幡街道のページから，宿場町平福の様子を読み取らせる。	・児童用タブレット ・提灯
4　宿場町平福が栄えた理由を考える。		

　（深める問い）因幡街道が整備され，宿場町平福はどのようににぎわったのだろうか。

○ボランティアガイドの春名さんの「屋号」についてのお話から，平福にはどのような地域から人やものが集まっていたのかを考えましょう。 　・たつの屋（醤油）⇒　たつの 　・吹屋（鋳物）⇒　津山 　・菅野屋（材木）⇒　山崎 　・河内屋（宿屋）⇒　大坂	・古くから歴史のある商店についている屋号には，地名が多く使われていることに気付かせ，その地名を地図上でおさえ，さまざまな地域から街道を通って人が集まってきたことをとらえさせる。 ・人の流れとともにさまざまな地域から，それぞれの地域の特産品など，たくさんのものが一緒に平福の町に入ってきていることもおさえる。	・平福の地図 ・たつの醤油屋の看板の写真 ・河内屋の看板の写真
○資料から，人やもの以外に街道を通って伝わっていたものがあるか考えましょう。 ≪俳句に関する資料より≫ 　・額の中にたくさんの俳句が書いてある。 　・文字が読めないくらい古い額だ。 　・額ができたのは1811年。 　・松尾芭蕉の俳句の石碑が建てられるくらい平福では俳句が親しまれていた。 ≪平福句会について≫ 　・平福中の人が俳句を楽しむほど，俳句が平福の人に広まっていた。	・了清寺にある芭蕉の句碑の写真を提示し，芭蕉が平福に来た記録はないが，芭蕉の句は街道を通ってきた人たちによって伝えられたことを理解させる。 ・素盞鳴神社の俳額の写真を提示し，この俳額は1811年に作成されたもので，当時の平福には俳句を楽しむ文化が庶民の間に広まっていったことをおさえる。 ・現在でも平福には「平福句会」という俳句の会が存在し，会員の方のお話（ＶＴＲ）から昭和初期には，平福中の人々が俳句を楽しんでいた様子をとらえさせる。	・了清寺の芭蕉の句碑の写真 ・素盞鳴神社の俳額の写真 ・平福句会の方のお話のVTR
5　学習をふりかえり，まとめをする。 　○今日の学習のキーワードは何でしょう。 【キーワード】 　街道，人，もの，文化 　○キーワードを使ってまとめましょう。 　地方の街道が整備されたことによって，平福の町にも，人やもの，文化が集まるようになり，町がにぎやかになった。	・本時の学習で出てきた言葉の中からキーワードを考えさせ本時のまとめを行う。 ・キーワードが出にくい場合には，まとめを書かせ，何人かのまとめから，本時のキーワードは何だったのかを考えさせる。 ◎街道が整備されたことで，平福においても江戸や大坂と同じように，人やものが行き来することで文化交流も行なわれ，まちが発展し，人々のくらしが豊かになったことに気付くことができたか。 ・うまくまとめられている児童のワークシートをモニターに映すことで，まとめが書けない児童への手立てとする。	
6　次時の問いを考える。 　○地方にまで人やもの，文化が行き交うようになった江戸時代はどのような時代だったのだろう。	・都市部から離れたこの平福にまで，人やもの，文化が行き交うようになった江戸時代はどのような時代だったのかという次時の問いを設定する。	

小単元「江戸の社会と文化・学問」〈問いの構成表〉

	時	内容	キーワード	ねらい	◎「視点」☆「問い」
つかむ	1	江戸のまちのようす	江戸のまち 町人 外国人 にぎわい	絵図を手掛かりにして，活気ある町人のくらしぶりや町人と武士との関係などに関心をもち，江戸時代の人々のくらしを調べようとする意欲を高めることができる。	◎時代，背景 ☆江戸の町の様子について調べ，学習計画を立てよう。
単元を貫く学習問題		(学習問題) 江戸時代の人々は，どんなくらしをしていたのだろう。			
しらべる	2	町人文化の広がり	町人文化 受け継がれる	歌舞伎や人形浄瑠璃，浮世絵などに関心をもちながら調べ，町人文化が栄えたことについて考えることができる。	◎起源，継承 ☆江戸時代の人々は，どのような文化を楽しんでいたのだろう。
	3	国学の広がりと子どもの教育	国学 寺子屋	幕府が重んじた儒学や新しくおこった国学や寺子屋について調べ，それらが社会に果たした役割について意欲的に調べることができる。	◎起源，影響 ☆江戸時代の学問に関心をもち，意欲的に調べようとしている。
	4	蘭学のはじまり	蘭学	杉田玄白や伊能忠敬の功績について調べ，江戸時代に蘭学という新しい学問が生まれ，社会にさまざまな影響を及ぼしたことを理解することができる。	◎業績，影響 ☆蘭学は，どのように広がり，社会にどんな影響を与えたのだろう。
	5	盛んになった産業	百姓 町人 技術の進歩 五街道 航路 安定	江戸時代の産業や町人らのくらしの変化について調べ，産業の発展と各地の交易を背景に江戸や大阪などのまちが大都市へと成長し，町人が力をつけていったことを理解することができる。	◎影響，工夫，努力 ☆江戸時代の百姓や町人は，どのような生活の工夫をしたのだろう。
まとめる	6 (本時)	宿場町平福と因幡街道	街道 人 もの 文化	江戸時代の人々のくらしについて学んだことを活用して宿場町平福について調べ，当時の様子から街道が整備されたことによって，江戸や大阪から離れた地方でも人やもの，文化が行き来するようになり，まちが発展していったことを理解することができる。	◎地域，影響，発展 ☆因幡街道が整備され，宿場町平福はどのようににぎわったのだろうか。
	7	ふりかえろう	文化 学問 安定	江戸時代の文化や学問が民衆の中から生まれた社会的背景や広まった理由・価値などについて話し合うことによって，自分の考えを深めることができる。	◎時代，背景 ☆なぜ江戸時代に，町人文化や新しい学問が広まったのだろうか。
結論		(結論) 江戸時代は，平和で安定していたため，五街道をはじめとする街道や海の航路が発達し，町人が力をつけていった。そのことによって，文化も発達し，人々のくらしが豊かになった。			

		内容	キーワード		
生かす		ＡＲマチアルキを使ってふるさとのよさを発信しよう 《総合》	国史跡 未来へつなぐ 利神城跡	国史跡指定になった利神城跡が校区にあることに注目し，わが町の文化財を調べたり，発信したりすることに自分たちも主体的に加わろうとする。	◎発展，継承 ☆なぜ今，利神城跡が国史跡として注目されているのだろう。

（2）「視点」と「深める問い」

　第6時では，「視点」を「空間軸」の「地域」，「時間軸」の「発展」，「関係軸」の「影響」とし，「深める問い」を「因幡街道が整備され，宿場町平福はどのようににぎわったのだろう。」とした。

（3）　応用・転移する力を育てるために

　①　地方街道の整備に気付かせる工夫〜ＡＲ
　　マチアルキ（アプリ）の活用〜

資料から鳥取藩の参勤交代を読み解く

　　　前時に，「次時の問い」として設定していた「鳥取藩は参勤交代で，どうやって江戸まで行ったのだろう。」を解決するために，五街道がつながっていない鳥取からどのように江戸まで行ったのかについて資料を読み取りながら追究した。事前に予習していたこともあり，子どもたちは，資料から大名が宿泊した場所を地図に記載していき，鳥取から姫路までが因幡街道，姫路から山陽道，西国街道，京街道を通って東海道へ

タブレットで因幡街道の情報を読み取る

と進んでいることをつかんだ。五街道だけではなく，地方にもさまざまな街道が整備されていたことに気付き，平福には因幡街道が通っていたこと，因幡街道が通る平福は大名が宿泊する宿場町であったことを理解した。

ＡＲマチアルキアプリを起動する

　　　その後，ＡＲマチアルキ（アプリ）を起動させ，「因幡街道」の提灯にタブレットをかざすことで，平成29年度の6年生が作成した因幡街道のページから，宿場町平福の様子を読み取った。

　　　平福の町には約300軒もの家が並んでいたことや240軒ものお店があったこと，平福は因幡街道随一のにぎやかな宿場町だったことなどに気付いた。当時，宿場町平福がなぜ栄えたのか不思議に思った子どもたちに対し，授業者である福本陽子先生がこのタイミングで「深める問い」である「因幡街道が整備され，宿場町平福はどのようににぎわったのだろう。」と発問をしたことで，追究意欲を促すこととなった。

　②　人とものの交流をつかませる工夫〜ＧＴの「屋号」研究を生かす〜

　　　春名さんの「屋号」に関する話から，宿場町であった平福にはどのような地域から人やものが集まってきたのかを子どもたちに考えさせることで，さまざまな地域から街道を通って人が集まってきたことを捉えさせるとともに，人の流れとともにさまざまな地

域から，それぞれの地域の特産品など，たくさんのものが一緒に平福の町に入ってきていることもおさえた。その際，古くから歴史のあるお店についている屋号には，地名が多く使われていることに気付かせ，その地名を地図上で確認した。

現在の河内屋　　　たつの屋醤油

・たつの屋（醤油）　⇒　たつの
・吹屋（鋳物）　　　⇒　津山
・菅野屋（材木）　　⇒　山崎
・河内屋（宿屋）　　⇒　大坂

　河内屋さんやたつの屋さんは現在も平福でお店をされており，春名さんのお話を聞きながら，「江戸時代からお店が続いているんだ。」と驚きの表情を隠せない子どもたちであった。子どもたちの中で，過去と現在がつながった瞬間でもあった。

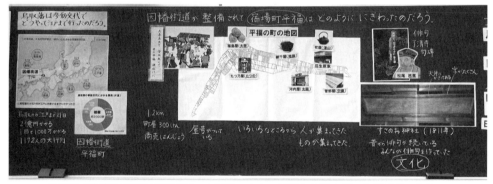

第6時「宿場町平福と因幡街道」の板書　中央に屋号から読み解いた記述がみられる

③　地域に根付く俳句の文化を取り上げる工夫〜俳諧や句碑を手がかりに〜

　人やもの以外に街道を通って伝わっていたものを考えさせる手立てとして，素盞鳴神社にある1811年に作成された俳額の写真を提示し，当時の平福には俳句を楽しむ文化が庶民の間に広まっていったことをおさえることにした。

（授業中の子どもの発言より）

・額の中にたくさんの俳句が書いてある。
・文字が読めないくらい古い額だ。
・額ができたのは1811年。

俳諧の資料を読み取る

さらに，了清寺にある芭蕉の句碑の写真を提示し，芭蕉が平福に来た記録はないが，

芭蕉の句は街道を通ってきた人たちに
よって伝えられたことを子どもたちに
理解させた。

（授業中の子どもの発言）
　・松尾芭蕉の俳句の石碑が建てられ
　　るくらい平福では俳句が親しまれ
　　ていた。
　・昭和初期まで，平福中の人々が
　　俳句を楽しんでいた。

素盞嗚神社にある俳諧

④　授業の下支えとしての日々の取り
　組み
ア　「学びのあしあと」で既習事項
　　をふりかえる
　　　「学びのあしあと（右写真）」と
　して，既習の学習内容を掲示する
　ことで五街道が通る江戸
　や大坂は町人が力を持
　ち，町が賑わっていたこ
　とをふりかえることにつ
　ながり，「地方の街道沿
　いの町の様子はどうだっ
　たのかな。」と子どもた
　ちの問いを引き出すこと
　ができた。

了清寺住職の説明

芭蕉の句碑
（了清寺）

「学びのあしあと」の掲示物　一連の学習の流れが一目でわかる

イ　年表で「通史」と「地域史」をつなぐ
　　歴史を身近なものにするために，いわゆ
　る「通史」の年表の下に「地域史」の年表
　を書き加えることで，比較したり，関連付
　けたりしやすいように工夫した。明日のふ
　るさとを担う子どもたちを育むことが豊
　かな地域社会の創造につながると考え，地
　域とともに学ぶことを大切にしてきた。過
　去と現在をつなぎ，地域の未来を展望できるような歴史学習となるよう年表作りを工
　夫した。

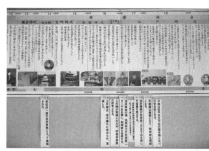
「通史」と「地域史」をつなぐ年表づくり

2 子どもたちに応用・転移する力は育ったのか

第5時と第6時のA児の「本時のまとめ」を取り上げることで検証する。

（第5時：「盛んになった産業」）

　五街道が整備されたことによって，町には人が多く集まり，各地から特産物が多く届いた。そして，町人文化である相撲や花火，落語が広まり，今に受けつがれている。

（第6時：「宿場町平福と因幡街道」）

　因幡街道が整備されたことで，宿場町平福には，人や物が集まった。俳句をつくる文化が広まり，今に受けつがれている。

上記のA児の「本時のまとめ」を比較・分析すると，

（第5時）五街道の整備→人と物の交流→大都市（江戸・大坂）が栄える→江戸や大坂の
　　　　　文化が伝搬
（第6時）因幡街道の整備→人と物の交流→宿場町平福栄える→平福で俳句文化がさかん
　　　　　になる

という構図が読み取れていることがわかる。授業を通して，A児に応用・転移する力が育っているといえる。

教科書教材を地域教材に適用（応用・転移）させることで，子どもたちに歴史は過去の話ではなく，現在の問題やこれから近い将来に起こりうる問題として考えることを実感させることができたことは大きな成果である。

ノートに本時のまとめを書く子ども

3 子どもたちの学びが地域を動かす

　6年実践が地域の町おこしにも波及効果として表れた事例を2つ挙げて，まとめにかえたい。

（1） 町屋の屋号設置

　6年生の公開授業において，春名政男さんから紹介していただいた因幡街道のありし日の姿を彷彿とさせる町家の屋号が10枚設置された。今後，3年間で100枚の屋号設置に向けて，自治会長をはじめとする住民有志による看板設置は続く

平福地域づくり協議会のみなさん

という。平福地域づくり協議会の五名和雄会長（当時）は，「にぎやかだった町の雰囲気をこれまで以上に感じてもらえるようになるはずだ。」と意気込みを語っておられた。いずれ近い将来，6年生の子どもたちもこの輪の中に加わっていることであろう。

（2） 素盞鳴神社の俳諧が再び掲げられる

　6年生の公開授業で素盞鳴神社の俳諧を大きく取り上げたことで，一旦下ろされていた素盞鳴神社の俳諧は，再び掲げられることになった。子どもたちの学習が契機となり，地域の文化財の価値が見直され，再び脚光を浴びることになったことは嬉しい。

1 成果

　　本章で明らかにされた各学年の単元構成（問いの構成表）と本時などは利神小学校で進め
られてきた社会科の授業研究の集大成である。前章では利神小学校の子どもの実態調査など
から，社会的な事象や課題に対して自分の考えを持って説明したり表現したりすることを目
ざして，社会科授業において「視点」と「問い」の質を高めるために進められた試行錯誤の
全てが示されていた。

　　その試行錯誤を経て展開された結果としての本章の３年の実践「工場ではたらく人びとの
仕事」では空間軸・時間軸とともに，特に関係軸の視点に関わる「深める問い」としての「そ
うめんの木箱には，なぜシールがはってあったり，ハンコが押してあるのだろう。」が鍵と
なっている。同じように４年の実践「水害にそなえて」では「佐用町でもハザードマップが
あるのに，自分の家の周りのマイ・ハザードマップを作ったのはなぜだろう。」，５年の実践
「自動車工業のさかんな地域」では「大手自動車会社とプロバイルには，共通点があります。
共通しているのは何だろう。」，６年の実践「宿場町平福と因幡街道」では「因幡街道が整備
され，宿場町平福はどのようににぎわったのだろうか。」がそれぞれの「深める問い」として
生成されている。

　　この４章での各学年の「深める問い」と３章での試行錯誤の中での各実践での「問い」や
「深める問い」とを見比べてみると興味深い。３章での利神小学校の先生方の試行錯誤が確実
に４章での「視点」と「問い」の質の向上に結びついてきていることが明らかである。社会
科の授業では，観察をして調べた結果を単純に整理するだけでは，社会的事象や社会的課題
の表面をなぞることしかできない場合が多い。事象や課題の表面だけでなく，そこに空間軸・
時間軸・関係軸の視点で事象や課題の深部に迫っていくことのできる鍵になるものが「深め
る問い」となる。表面をなぞるだけでは見えてこない事象や課題の核にたどり着くための「深
める問い」の生成には，３章と４章で明らかにしてきた利神小学校の先生方のような試行錯
誤や取り組みによる授業研究が大きな手がかりとなる。

2 課題

　　社会的な事象や課題に対して自分の考えを持って説明したり表現したりすることのできる
子どもの姿を目ざして，社会科授業において「視点」と「問い」の質を高めるために進めら
れてきた利神小学校の授業研究の成果は，学習評価との関連でも明らかにされる必要がある。
この点については，続く５章で明示される。

CHAPTER **5**

「深い学び」を評価する
〜教師の見取りを生かした学習評価〜

元佐用町立利神小学校校長　**桑田隆男**

1

全国学力・学習状況調査から見えてきたこと

「深い学び」が実現できたかどうかは，子どもの学びの姿から判断することができる。

評価することで学習の在り方そのものも見えてくる。教師が授業でいかに子どもにとって意味のある支援ができたかどうかが大切であり，教師の見取りを生かした学習評価を心がけるようにした。

改めて確認しておくが，評価とは「評定」ではない。子どもを伸ばす評価を考えることが重要である。そのために，利神小学校では，子どもにとって意味のある支援，つまり，「形成的評価」としてのフィードバック・フィードフォワードを重視して取り組んできた。

まずは，106 ページの問題をご覧いただきたい。平成 31 年度 4 月実施の全国学力・学習状況調査の 6 年国語の問題１である。調べたことから考えられることを報告する文章として書くことを求めた条件作文であるが，グラフや地図などの社会科で取り上げる資料が出ていることが理解いただけると思う。この手の問題は国語だけを一生懸命教えていたのでは解けない。つまり，社会科の学習に力を入れているからこそ解ける問題といえる。

利神小学校 6 年の子どもたちは，問題１のすべての設問に対して無回答率 0 ％であった。また，条件作文の設問１三については 10％ほど県や全国平均よりも高くなっていることがわかる。

この結果については，広島大学の永田忠道先生が次のように分析されている。「利神小学校では，深い学びへと誘うしかけとして，資料からキーワードを見つけ，それらをつないで文章にするという学習をしているからこそ，子どもたちが無回答もなく，挑んだ結果が表れていると思われる。」と指摘されている。

では，どうすればこのような挑む力が身に付くのかについて，2 つの事例をもとに考えたい。

【報告する文章】

1

高橋さんの学級では、生活の中で気になったことを調べ、友達に報告することにしました。先日出したのは、公衆電話について調べて、高橋さんが書いている【報告する文章】です。これをよく読んで、あとの問いに答えましょう。

公衆電話について
高橋　めぐみ

1 はじめに

先日外出したときに、家に電話をかけようと近くの店や、あったはずの公衆電話がなくなっていて、こまってしまいました。また、わたしが行く公園の公衆電話も、いつの間にかなくなっていました。わたしは、公衆電話の数が減っているのではないかと思い、町の公衆電話の数を調べてみることにしました。それをまとめたものが〈資料1〉です。平成二十年度から二十九年度までの十年間で、約半分にまで減っていることが分かりました。そこで、公衆電話は、わたしたちにとって必要がなくなってしまったのかどうかを調べてみることにしました。

2 調査の内容と結果

(1) 公衆電話はどのようなときに必要なのか

多くの人が、公衆電話が必要とされているのかどうかを調べてみることにしました。そこで、地いきの人三十人に、公衆電話が必要かどうかを聞いてみたところ、ほとんどの人が必要と回答しました。その理由をまとめたものが〈資料2〉です。「けいたい電話をわすれたときに必要」「けいたい電話の電池が切れたときに必要」などの回答がありました。このことから、公衆電話を使うことが、けいたい電話を使うことができないときに必要とされていることが分かりました。

(2) 公衆電話はどのような使い方や持ちようがあるのか

次のような使い方や持ちようがあります。
・警察署（110番）や消防署（119番）に通報することができる。
・電話が混み合うときでも、公衆電話を使うことができる。
・硬貨やテレホンカードがなくても、きん急のときには使うことができる。
このことから、公衆電話は、主にけいたい電話が使えないときに、優先的につながりやすく、きん急のときにも使うことができるということが分かりました。

(3) 公衆電話はどのような場所にあるのか

〈資料3〉です。公衆電話は、主に病院や学校、駅などの多くの人が集まる場所にあることが分かりました。

3

調査の結果をもとに考えたこと

・公衆電話について書かれた資料があるのか、どのような場所に設置されているのかを、前もって知っておくことが大切だと思ったので、わたしは、〈資料3〉にまとめることにしました。実際に町を歩いてまとめたものです。

また、公衆電話を使いたいときには、多くの人が集まる場所に行けば見つけやすいのではないかということも考えました。

今回の調査を通して知ったことを、学級の友達に伝え、公衆電話について｜ウ｜かんしんをもってもらいたいと思います。

〈資料3〉公衆電話設置場所を示した地図

〈資料2〉公衆電話が必要な理由のまとめ（複数回答）

けいたい電話をわすれたときに必要	22人
けいたい電話の電池が切れたときに必要	12人
けいたい電話の使用が禁止されている場所にいるときに必要	5人
けいたい電話の電波がとどかない場所にいるときに必要	4人
けいたい電話や電話がつながりにくいときに必要	3人
その他	5人

〈資料1〉公衆電話設置台数の移り変わり

小国 - 2　　　　小国 - 1

一　高橋さんが【報告する文章】で〈資料2〉と〈資料3〉を、それぞれどのような目的で用いていますか。その説明として最も適切なものを、次の1から5までの中からそれぞれ一つ選んで、その番号を書きましょう。

1　現在と過去の様子を並べて示し、二つのちがいを伝えるため。
2　内容ごとに分類して示し、大まかな様子を伝えるため。
3　年度ごとの数値をグラフで示し、移り変わりを伝えるため。
4　記号や印などを使って示し、実際の位置を伝えるため。
5　説明したい場所やものを写真で示し、実際の様子を伝えるため。

〈資料2〉……□
〈資料3〉……□

※解答は、解答用紙に書きましょう。

二　高橋さんは、「(2) 公衆電話はどのような使い方や持ちようがあるのか」の中で、公衆電話の使い方や持ちようについて、くふうして書いています。そのくふうとして最も適切なものを、次の1から4までの中から一つ選んで、その番号を書きましょう。

1　情報を整理して伝えるために、ことがらを分けて並べて書いている。
2　自分の考えを強調するために、同じ言葉をくり返して並べて書いている。
3　自分の考えのもととなる事実を示すために、図や表を用いて書いている。
4　相手の理解を助けるために、使い方の手順に従って書いている。

※解答は、解答用紙に書きましょう。

三　高橋さんは、「3 調査の結果をもとに考えたこと」に「2 調査の内容と結果」の(1)と(2)で分かったことをまとめて書いています。□に入る内容を、次の条件に合わせて書きましょう。

〈条件〉
○「2 調査の内容と結果」の(1)と(2)の両方から言葉や文を取り上げて書くこと。
○書き出しの言葉に続けて、四十字以上、七十字以内にまとめて書くこと。なお、書き出しの言葉は字数にふくむ。

※左の（例）のように書きましょう。なお、「、」や「。」も一字と数えます。どうしても行を変えたいときは、続けて書きましょう。
※印から書きましょう。
※使っても使わなくてもかまいません。解答は、解答用紙に書きましょう。

調査の結果から、公衆電話は、わたしたちにとって必要がなくなってしまったわけではないと考えました。

なぜなら、◆

40字

70字

2

学びの深まりを「空間軸」で見取る
～【事例①】 ３年 店ではたらく人びとの仕事～

　１つ目の事例では，「新たな問い」をもったＡ児の学びに注目した。３年生の子どもたちは，販売単元で地元のマックスバリュ佐用店へ行き，「品物の産地はどこかな。」などの問いを持って見学を行った。そして，見学したことを新聞にまとめた。ここまでは教科書の学習内容にそった展開である。

　Ａ児は，父の実家である静岡県に帰省したとき，マックスバリュ長泉竹原店に買い物に行き，「私の住んでいる佐用町とお父さんの実家の静岡県のマックスバリュには違うところがあるのかな。」という「新たな問い」を持った。その問いを解決するために，それぞれの店の様子を写真に撮って根拠とし，自分の問いに対する考えをまとめている。

　本校が目ざす言葉の力と関連付けてみていくと，Ａ児は，マックスバリュ長泉竹原店におい

Ａ児の自由研究「しずおかとさようのマックスバリュのちがいについて」

て，静岡みかんや伊豆産ところてん，桜えび，沼津産キハダマグロといった佐用店にはなかった品物に注目している。それらをまとめて「静岡産の物が目立つようにおいてある。」と表現した。当然，佐用店には，なす，椎茸，南瓜，いちじく，兵庫県産ジャンボピーマンなどの品物がおいてあり，それらを「佐用産の物が目立つようにおいてある。」とまとめた。これが本校でいう「キーワード」にあたる。

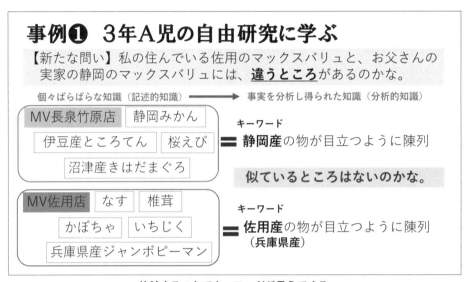

比較することでキーワードが見えてくる

さらに，A児は，「違うところばかり着目したけれど，逆に似ているところはないのかな。」と再び，「新たな問い」をもつに至った。

そして，A児は，違いに着目して調べていくうちに，マックスバリュの各店舗が地域の品物を目立つところに並べることで地元の品物をアピールしているという汎用性のある知識に気付いた。

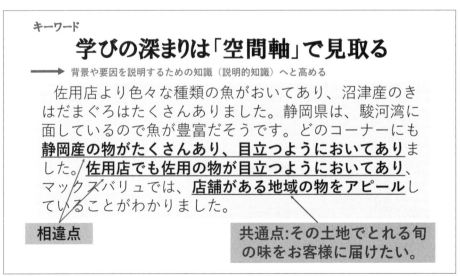

学びの深まりは「空間軸」で見取る

　後で，マックスバリュ佐用店の店長に確認すると，「その土地でとれる旬の味をお客様に届けたいという販売側の願いがあります。」と答えていただいた。

　A児のように内なる「問い」を持ち続けることで，「深い学び」につながるといえる。

　この事例から，深い学びの評価としては，<u>学びの深まりを「空間軸」で見取る</u>というキーワードが導き出される。A児は，佐用店（兵庫県）から長泉竹原店（静岡県）という広がりの中で，相違点と共通点という思考を通して，前述した販売側の願いに迫る学びの深まりがみられたことになる。

　面白いことに，利神小学校では，生活科において，すでにこうした「社会科のタネ」が蒔かれているのだ。2年生の生活科で地元の直売所（道の駅に隣接）を訪れたC児は，「お店の外には，地元の野さいがたくさんあります。11月には，じねんじょや大根，白さいがありました。きせつによって野さいがかわります。道のえきには，ほかにもたくさんうっているものがあります。このように，佐用のものがたくさんあることがわかりました。」とまとめている。

　C児の蒔いた「社会科のタネ」は，きっと3年社会科「店ではたらく人びとの仕事」の単元において，A児のような販売側の願いに迫るような学びの深まりを見せてくれるであろうと考えるだけで楽しみである。

生活科で地元の直売所を見学して気付いたことをまとめた表現物

3

学びの深まりを「時間軸」で見取る
～【事例②】　4年　命とくらしをささえる水～

2つ目の事例は「残された課題」を追究したB児の学びに注目した。

4年生の子どもたちは、「命とくらしをささえる水」の学習で、学校の近くにある峠浄水場へ見学に行った。「浄水場では、どのようにして安全な水を作っているのだろう。」という共通の問い（学習問題）を持って学習した。そして、見学したことを新聞にまとめた。

深い学びへ誘う❷・・・「残された課題」

B児の自由研究より

【残された課題（B児の問い）】
①佐用町の浄水施設はいくつあるのか。
②浄水能力はどれくらいあるのか。

【調べる】表でまとめる。

【結論】①13か所、②奥海は少ない。

最初にまとめたB児の自由研究（作品）

B児は1学期に峠浄水場を見学したことを受けて、上の作品にある「①佐用町内には浄水施設がいくつあるのか。」「②浄水能力はどれくらいあるのか。」という問いを残していた。つまり、「残された課題」である。

1つ目の問いはすぐに調べて解決した。しかし、2つ目の問いは調べてはみたものの、学習のまとめまでは辿り着けなかったのだ。しかし、一定の結論は出している。本当は、「奥海浄水施設は浄水能力が低い。」と言いたかったのであろう。

B児は、子どもなりに「奥海は少ない。」と表現した。このB児の学びに担任は着目し、「この子の学びをどのようにして深めてやれるのか。」と考えた。

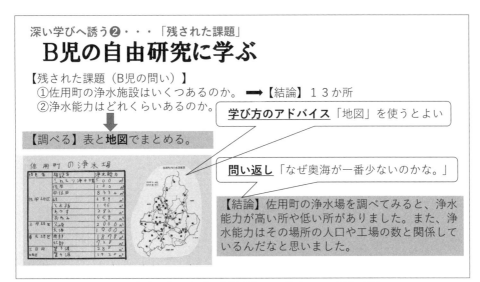

B児の自由研究に学ぶ　①学び方のアドバイス・②問い返し

　具体的に担任がどのように助言したのかをみていこう。1つ目の問いである「佐用町の浄水施設はいくつあるのか。」については結論を出していた。13か所である。浄水施設の位置をもっとわかりやすく表現するために担任は学び方の一つである「まとめ方」として地図を使うことをアドバイスした。浄水施設の位置を示す場合，地図を使うとわかりやすいからである。問題は2つ目の問いである。こちらもB児なりにわかったことを言葉に表している。つまり，「奥海は少ない。」ことには気付いていた。そこで，深い学びへと誘うために，担任は「なぜ奥海が一番少ないのかな。」と問い返した。すると，B児は「奥海には住んでいる人が少ないから。」と答えた。さらに担任は「じゃあ，一番多いところはどこかな。」とさらに問い返すと，B児は「久﨑」と答えた。「なぜ，久﨑が一番多いのかな。」とすかさず担任が問うと，「工場が多いから。（既習事項）」とB児は答えた。「ということは浄水能力が高い，低いというのは，何で決まるのかな。」と担任が改めて問うことで，B児は「人口や水を多く使う工場があるかどうかで決まる。」ことを理解した。

　B児は，飲料水を安定的に必要な量をいつでも使えるように水道使用人口に応じてその能力を定めているという「供給の仕組み」という概念に気付き始めたことになる。「供給の仕組み」は，電気やガスの学習にも当てはまる概念で，汎用性のある知識といえる。

　このようにB児は，担任とのやり取りから，自分がうまく言語化できなかった概念を明確に表現することができた。放課後，バス待ちの時間にB児はこれらの学び直しをしたが，喜んで取り組んでいた。

　4年担任の大部先生に「作品が仕上がったB児はどんなことを言っていたか？」と尋ねると，大部先生からは「クラスのみんなにも学び直した作品を見てほしい。」と発言していたという答えが返ってきた。

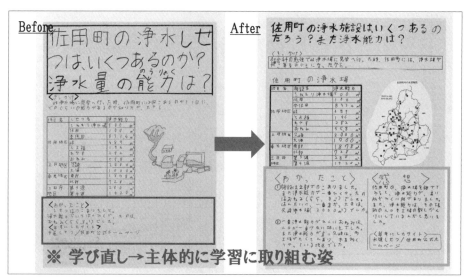

学び直し前（Before）のB児の作品と学び直し後（After）のB児の作品を比べる

平成29年の改訂で，学習指導要領の目標及び内容が資質・能力の三つの柱で再整理されたことを踏まえ，各教科における観点別学習状況の評価の観点については，「知識・技能」「思考・判断・表現」「主体的に学習に取り組む態度」の3観点に整理された。

試行錯誤しながら粘り強く学び続けたB児の姿は，3観点の一つである「主体的に学習に取り組む姿」にあてはまるといえよう。

学びの深まりは「時間軸」で見取る

佐用町教育委員会の塚本智昭指導主事からは「子どもの学びを担任がフィードバックすることで学び直しができているところがいいですね。」という評価をいただいた。

子どもはどうしても本質をとらえた言葉を発しにくい。また，子どもの話には続き（ストー

リー）がある。そこで，教師が子どもに問い返すことで，子どもが本当に言いたかったことを引き出す指導が必要となってくる。問い返しのやりとりを通じて，適切なフィードバックを施すことで，子ども自身も自分の本当の思いに気付き，理解を深めることが可能となる。そのときに，比較，分析，総合，関連付けなど思考の術（ツール）をうまく利用することが深めるためのポイントといえる。

B児は，このあと自然災害の単元では自分の問いに沿って調べ，それをしっかりとまとめることができた。発表直前になって，担任に「もっとわかりやすくするために，写真や感想を付け加えたい。」と申し出たそうだ。B児が自信をもってわかりやすく発表した姿は担任をも驚かせたことは言うまでもない。

この事例から，深い学びの評価としては，**学びの深まりを「時間軸」で見取る**というキーワードが導き出される。

B児は，１つの単元では十分に力が身に付いたとは言えなかったが，学び直しの積み重ねが次の単元学習へとつながり，粘り強く主体的に学習に取り組む姿となって表れたと言える。

① 成果

　「視点」を意識し，「問い」の質を向上させる，つまり，教師が「深める問い」を発することで，子どもたちは思考し，「深い学び」へと誘うことが可能となる。その際，子どもとのやり取りのなかから，子どもの素朴な疑問を見いだし，さらに，「新たな問い」や「残された課題」に対して，教師が適切にアドバイスをすることで，子どもたちの学びに向かう主体性を育むことができる。

　これらの2つの事例から言えることは，教師が子どもの問題意識の変容を敏感に気付き，その子どもとの間でコミュニケーションを深めていくこと自体が評価になることの大切さを物語っている。そのために，まず，教師はそれぞれの場面で子どもとどのような話をすればよいかを考えなければならない。子どもにとって教師と話し合うこと自体もそのまま自己評価につながる。結局，教師が子どもの学びの姿の表れを，どんな表れであればよしとするのかを見取っていくことがポイントである。そのためには，教師の子どもを見る目，つまり，**教師として子どもを見取る力**を磨くほかない。子どもと教師が話し合い，肯定的なコメントや励ましのコメントは言うまでもなく，次の学びへの見通しや安心感を与える具体的なアドバイス（フィードフォワード情報）を与えることで，子どもが次のステップに主体的に進むことができたり，自己調整しながら粘り強く学習に取り組めたりできるようにしていこうとするものである。

　一人一人の学びのよさを価値づけてやることがポイントである。一人一人の子どもの学びをストーリー立てて語れる教師の姿こそが深い子ども理解を表しており，このことがまさに評価そのものである。

　ずばり，評価とはコミュニケーションである。

$$\boxed{評価} \ = \ \boxed{コミュニケーション}$$

2年間にわたる社会科の研究で何を学んだのか

　最後に，教師による「深い学び」のふりかえりについて，以下，検証したい。

　令和2年2月，永田忠道先生をお招きして第10回目の校内研修を開催した。授業後に，思考ツールを使って，利神小学校での2年間の取り組みをふりかえった。右の資料は，大部慎之佑先生のフィッシュボーン図である。

　「2年間にわたる社会科の研究で何を学びましたか。」の問いに対して，「子

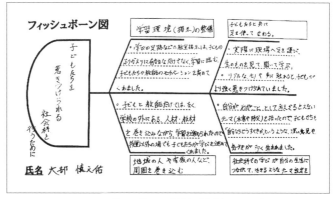

フィッシュボーン図で2年間の学びをふりかえる

どもたちを惹きつけられる社会科を行うために」と答えている。その柱として，1つ目の柱は，「学習環境（掲示）の整備」とし，「学びの足跡などの教室掲示は，子どものふりかえりに有効なだけでなく，学習に臨む子どもたちや教師のモチベーションを高めてくれました。」と括っている。2つ目の柱は，「子どもたちと共に足を使ってまわる。」とし，「実際に現場へ足を運び，生のものを見て学ぶ。リアルなモノや事に触れると，子どもがより強く惹きつけられていました。」と括っている。3つ目の柱は，「地域の人や家族の人など周囲を巻き込む」とし，「子どもと教師だけではなく学校の外にある人材・教材を巻き込みながら学習を進められたので，授業以外の場でも子どもたちが学びを進めてくれました。」と括っている。4つ目の柱は，「社会科の学びが自分の生活につながって活きるようなテーマ設定を」とし，「自分が我が事として考えざるをえないテーマ（水害や防災）を扱ったので，子どもからも『自分ならどうすべきか』というような深い意見や気づきが多く生まれました。」と括っている。

　上記の記述を見ると，大部先生は，2年間に及ぶ自らの学びを構造的に捉えており，深く学ぶことができたことがわかる。

　このことから，教師による**学びの深まりは「関係軸」**でとらえることができるというキーワードを見いだすことができる。

　最後に，利神小学校の記録として本書を綴ることができたこと，そして，多くの方に発信することを心より嬉しく思う。本書発行にあたりさまざまなご助言やご支援をいただいた日本文教出版株式会社　古澤晶子様，千葉祐太様には心よりお礼申し上げたい。

桑田　隆男

深い学びへ誘う社会科の授業づくり
視点の意識化と問いの質の向上への取り組み
～兵庫県佐用町立利神小学校の研究から～

2021年（令和3年）4月5日　初版発行

編　著　者　永田忠道／桑田隆男
発　行　者　佐々木秀樹
発　行　所　日本文教出版株式会社
　　　　　　https://www.nichibun-g.co.jp/
　　　　　　〒558-0041　大阪市住吉区南住吉4-7-5　TEL：06-6692-1261

デ ザ イ ン　株式会社ストア
印刷・製本　株式会社ユニックス